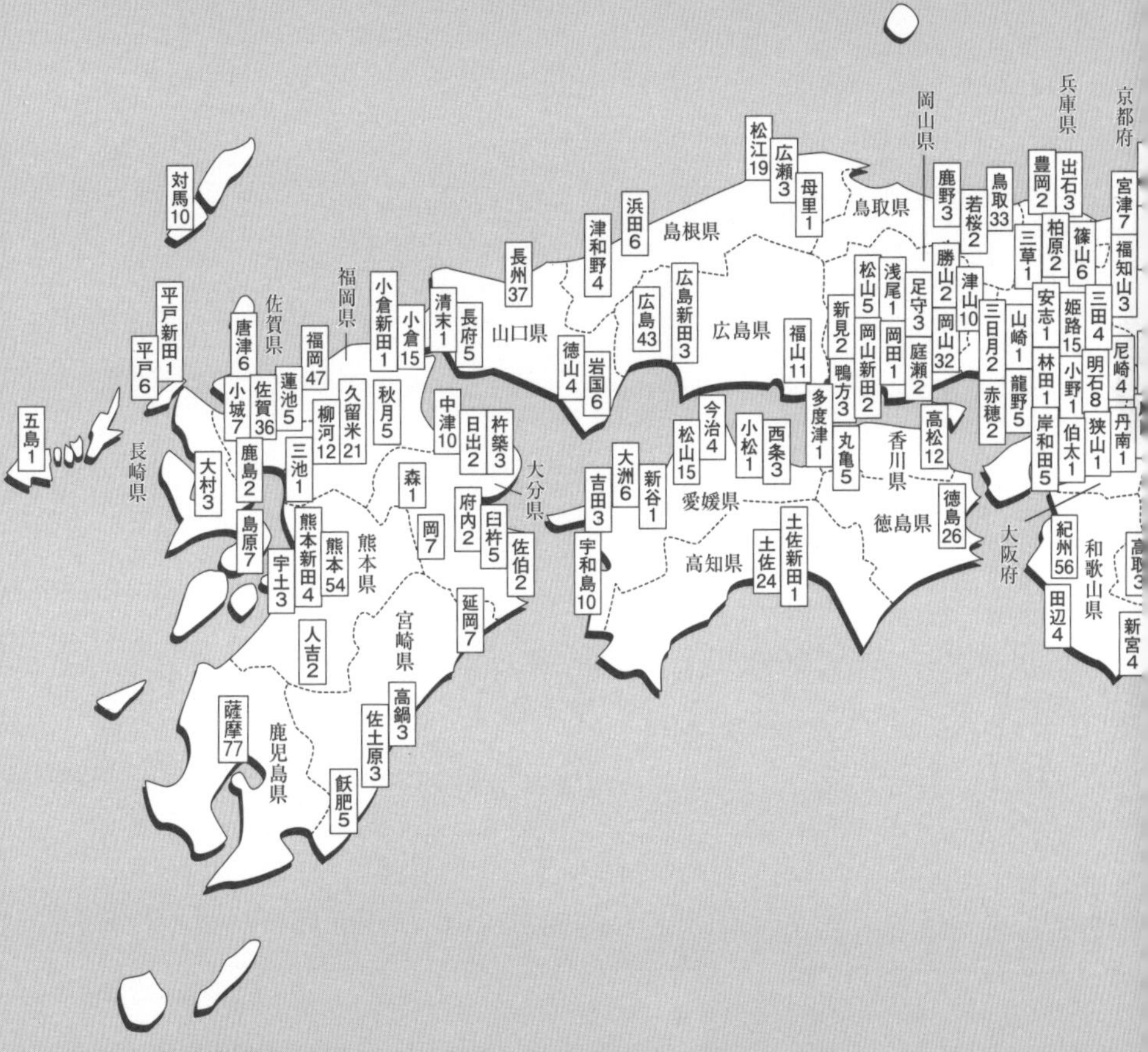

対馬10
五島1
平戸6
平戸新田1
長崎県
唐津6
佐賀県
小城7
佐賀36
蓮池5
福岡県
福岡47
柳河12
久留米21
三池1
大村3
鹿島2
島原7
小倉新田1
小倉15
秋月5
清末1
長府5
長州37
山口県
中津10
日出2
杵築3
大分県
森1
府内2
臼杵5
佐伯2
岡7
熊本新田4
熊本54
熊本県
宇土3
人吉2
延岡7
宮崎県
高鍋3
佐土原3
飫肥5
薩摩77
鹿児島県
津和野4
浜田6
島根県
徳山4
岩国6
広島43
広島新田3
広島県
松江19
広瀬3
母里1
鳥取県
福山11
岡山県
鹿野3
若桜2
鳥取33
松山5
浅尾1
足守3
勝山2
津山10
新見2
岡山新田2
岡田1
庭瀬2
岡山32
鴨方3
多度津1
丸亀5
香川県
高松12
今治4
小松1
西条3
松山15
大洲6
新谷1
吉田3
愛媛県
宇和島10
高知県
土佐24
土佐新田1
徳島県
徳島26
兵庫県
豊岡2
出石3
三草1
柏原2
篠山6
三日月2
山崎1
安志1
姫路15
三田4
赤穂2
龍野5
林田1
小野1
明石8
尼崎4
岸和田5
伯太1
狭山1
丹南1
大阪府
紀州56
和歌山県
田辺4
京都府
宮津7
福知山3
高取3
新宮4

シリーズ藩物語

会津藩

野口信一……著

現代書館

プロローグ

会津藩物語

会津藩とは通常、寛永二十年（一六四三）に始まる保科・松平時代を指して言う。徳川幕府の成立から四十年後の創設になる。初代藩主保科正之《ほしなまさゆき》は徳川家康の孫、二代将軍秀忠の子、そして三代家光の異母弟という血を引きながら、その姓が示すように数奇な運命をたどった。その誕生は秘密にされたが、家光によって引き立てられ高遠《たかとお》三万石から山形二十万石、さらに会津二十三万石と累進を重ね、奥羽の咽喉《のど》元にあたる枢要の地、会津の支配を任された。

正之はこれに応え十五条から成る家訓《かきん》の第一条に徳川家を支え、忠勤を励むことを定めた。以来、歴代藩主は九代二二五年に渡り、それを忠実に守ってきた。また正之は四代将軍家綱の後見役として国の政治も任され、武断政治から文治政治への移行を見事に成し遂げた。正之は藩内においては殉死の禁止、社倉、年金制度の創設、

藩という公国

江戸時代、日本には千に近い独立公国があった

江戸時代。徳川将軍家の下に、全国に三百諸侯《しょこう》★の大名家があった。ほかに寺領や社領、知行所《ちぎょう》★をもつ旗本領《はたもとりょう》などを加えると数え切れないほどの独立公国があった。そのうち諸侯を何々家《け》家中《かちゅう》と称していた。家中は主君を中心に家臣が忠誠を誓い、強い連帯感で結びついていた。家臣の下には足軽《あしがる》層《そう》★がおり、全体の軍事力の維持と領民の統制をしていたのである。その家中を藩と後世の史家は呼んだ。

江戸時代に何々藩と公称することはまれで、明治以降の使用が多い。それは近代からみた江戸時代の大名の領域や支配機構を総称する歴史用語として使われた。その独立公国たる藩にはそれぞれ個性的な藩風《はんぷう》と自立した政治・経済・文化があった。幕藩体制とは歴史学者伊東多三郎《いとうたさぶろう》★氏の視点だが、まさに将軍家の諸侯の統制と各藩の地方分権が巧く組み合わされていた、連邦でもない奇妙な封建的国家体制であった。

今日に生き続ける藩意識

明治維新から百三十年以上経っているのに、今

幕政においては末期《まつご》養子の禁の緩和、大名証人制度の廃止、玉川上水の開削、明暦大火の復興など数々の業績をあげた。その後三代藩主松平正容《まさかた》の時代には幕府から葵の紋、松平の姓を賜り、以降正式に家門《かもん》大名★として幕府を支えたのであった。

五代藩主容頌《かたのぶ》の時代には日本有数の藩校日新館を造営、文武両道、藩士皆教育を実施、「ならぬことはならぬ」に代表される会津藩精神が形成された。さらに家老田中玄宰《はるなか》のもと、教育をはじめ、政治、産業、武備、農村、藩士制度、刑罰などすべての面において改革が行われた。玄宰は藩や藩士、農民らのあるべき姿を求め、ひたすら有能な人材を生むことを目標とした。それは聖賢や偉人を生むのではなく、各人の地位、役職、職分にふさわしい能力と誠実さを備えることにあった。以来、山国会津という厳しい気候条件、風土の中で純粋培養された会津藩精神は、愚直なまでに誠を貫き通すという形となって実を結んだのであった。

その一方で頑迷固陋《がんめいころう》、頑固《がんこ》で融通のきかない性格も形成され、武備や新しい思想、文物の流入に問題を生じたのも事実であった。

家門大名▼徳川将軍家一族で御三家・御三卿以外の大名。

でも日本人に藩意識があるのはなぜだろうか。明治四年（一八七一）七月、明治新政府は廃藩置県《はいはんちけん》★を断行した。県を置いて、支配機構を変革し、今までの藩意識を改めようとしたのである。ところが、今でも、「あの人は薩摩藩の出身だ」とか、「我らは会津藩の出身だ」と言う。それは侍出身だけでなく、藩領出身も指しており、藩意識が県民意識をうわまわっているところさえある。むしろ、今でも藩対抗の意識が地方の歴史文化を動かしている。そう考えると、江戸時代に育まれた藩民意識が現代人にどのような影響を与え続けているのかを考える必要があるだろう。それは地方に住む人々の運命共同体としての藩の理性が今でも生きている証拠ではないかと思う。

藩の理性は、藩風とか、藩是《はんぜ》とか、ひいては藩主の家風ともいうべき家訓などで表されていた。

（稲川明雄）

諸侯▼江戸時代の大名。
知行所▼江戸時代の旗本が知行として与えられた土地。
足軽層▼足軽・中間・小者など。
伊東多三郎▼近世藩政史研究家。東京大学史料編纂所所長。
廃藩置県▼藩体制を解体する明治政府の政治改革。廃藩により全国は三府三〇二県となった。同年末には統廃合により三府七二県となった。

シリーズ藩物語 会津藩

目次

小田山から会津若松市街を望む。
右上・戊辰戦争で被弾した天守閣。左上・現在の天守閣（昭和 40 年再建）

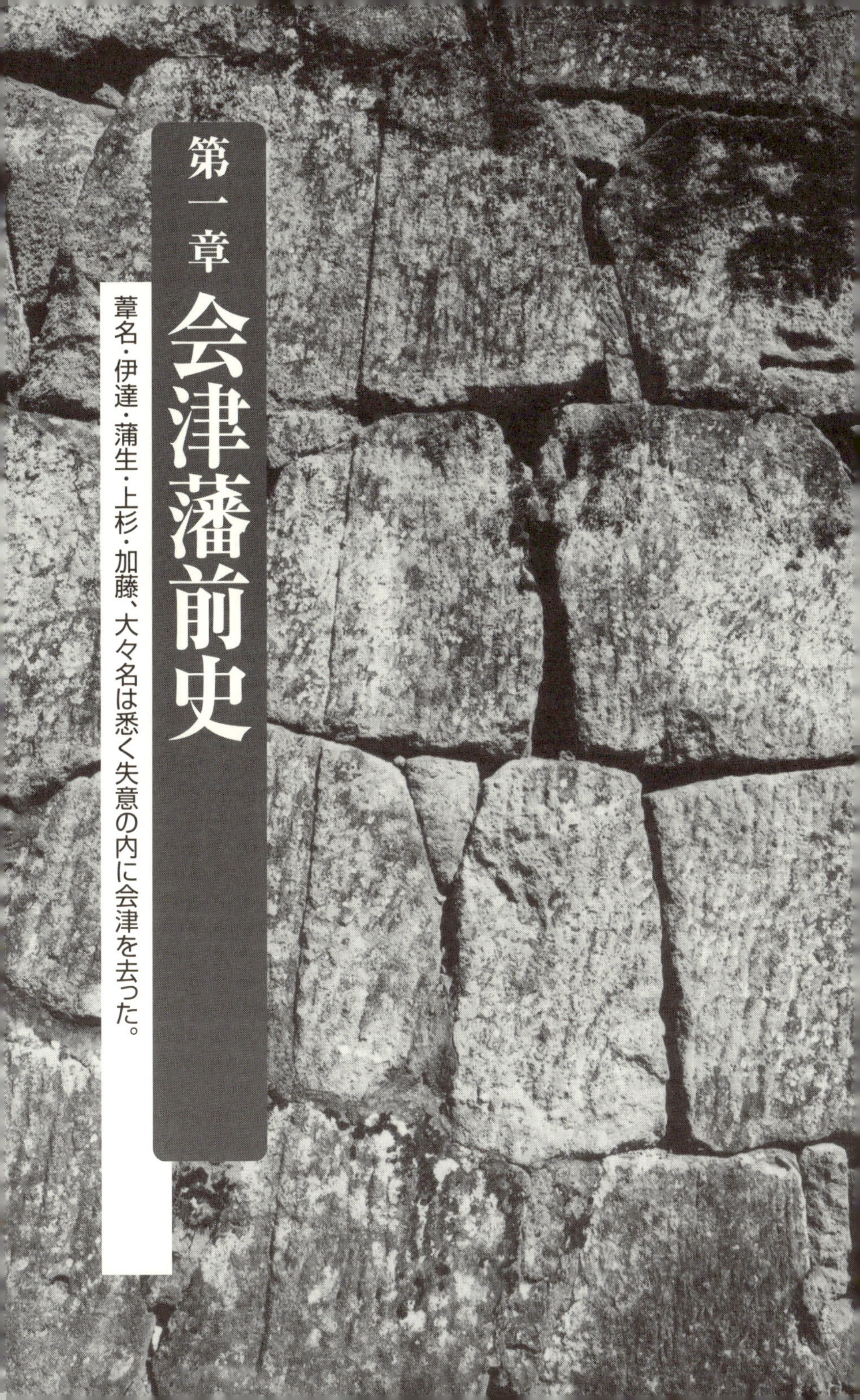

第一章　会津藩前史

葦名・伊達・蒲生・上杉・加藤、大々名は悉く失意の内に会津を去った。

1 戦国時代の会津

伊達政宗の全国制覇という野望の拠点ともなった会津。

天下人の気まぐれにも振り回され、葦名、蒲生、上杉、加藤と次々と領主が替わる。

所領を倍増され意気揚々と会津入りを果たした領主達も、会津を去る時は惨めな末路を辿った。

葦名氏の滅亡

天正十七年（一五八九）六月五日磐梯山《ばんだいさん》麓摺上原《すりあげはら》において、葦名勢は伊達政宗率いる軍勢により壊滅的な打撃を蒙り、二十代四百年にも渡る支配者の地位から引き降ろされることとなった。二十代目当主葦名義広《よしひろ》は実家である常陸《ひたち》佐竹《さたけ》氏の下に逃げ帰り、葦名氏は滅んだ。

そもそも会津の武家支配は文治五年（一一八九）源頼朝の奥州藤原氏攻めの折、その功績により葦名氏の祖佐原《さわら》義連《よしつら》に会津の地が与えられたことに始まる。三代光盛《みつもり》の時代に葦名と改姓し、十六代盛氏《もりうじ》★の時代全盛期を迎え、武田信玄や上杉謙信と同時代に全会津を手中に収め、戦国武将として名を高めた。しかしその死後、葦名氏は急速に衰え、天正十四年（一五八六）わずか三歳で十九代目の亀王丸が亡くなり、その跡目を巡って葦名家臣団はもめる事になった。二十代目の候補とし

▼**葦名盛氏**（一五二一〜一五八〇）
この時代盛氏は福島県中通り地方から、新潟県東蒲原郡方面まで勢力下に収めた。墓は会津若松市天寧寺町の宗英寺。同寺にある盛氏坐像は国重要文化財。

て二人の名があがった。常陸の国を領する佐竹義重の弟義広と、隣国米沢の伊達政宗の弟小次郎である。元々両者とも時には戦い、時には同盟、婚姻関係を結ぶなど複雑な関係にあったが、衰えを見せ始めていた葦名氏には他領から当主を迎える以外に道はなかった。重臣会議の結果、白河の佐竹義広と決まったが、これが結果的に葦名氏の分裂、滅亡につながってしまった。

伊達政宗の会津入り

葦名氏を破った政宗は意気揚々と会津に入り、念願を果たした喜びに浸った。しかし政宗は全国制覇を目指しており、会津はその手始めと考えていた。この頃、同じく天下取りを目指す豊臣秀吉が、最後の仕上げとなる小田原の北条攻めにかかっていた。これには秀吉の命により徳川家康や前田利家、上杉景勝《うえすぎかげかつ》らほとんどの有力武将が加わっており、政宗にも参陣の命令が届いていた。さらに家康からも参加を促す書簡も届いた。

しかし自ら天下取りの野望を抱く青年武将政宗は迷っていた。時はいたずらに流れ、伊達家中に不安がよぎった。伊達家の行く末を心配した政宗の実母保春院《ほしゅんいん》（最上義姫《もがみよしひめ》）はそこで恐ろしい計画を立てた。政宗を亡き者にして、その弟小次郎を跡目に立てようとしたのである。天正十八年★（一五九〇）四月五日保春院は政宗を

伊達政宗

▼天正十八年主な武将の年齢

豊臣秀吉	五四歳
徳川家康	四八歳
蒲生氏郷	三四歳
伊達政宗	二三歳

城内西館に招き、膳を共にすることにした。そしてその椀に毒が仕込まれた。椀を口にした政宗はすぐに毒と気づき、家臣に抱えられ館をあとにした。幸い毒消しによって一命を取り留めた政宗のその後の動きは速かった。弟小次郎を切って捨てたのである。これを知った保春院は実兄、山形の最《も》上義光《がみよしあき》の下に去った。ついに秀吉への参陣を決めた政宗であったが、この手当てですぐに行くのは無理であった。六月五日ようやく小田原の秀吉の下に着いたが、命は助かったものの箱根七湯の一つ箱根底倉に幽閉の身となった。家康らの取り成しでかろうじて許されたが、ようやく得た会津は取り上げられ、元の米沢に戻されることになり政宗の野望はついえた。

秀吉来る

天正十八年（一五九〇）天下統一を成し遂げた秀吉は、奥州の支配を自ら指示するため、奥羽仕置★の拠点として会津黒川（のちの会津若松）を選んだ。七月十三日小田原を出発、宇都宮、白河、長沼、背炙山《せあぶりやま》を越え八月九日黒川に到着した。城下臨済宗の古刹《こさつ》興徳寺が御座所《ござしょ》にあてられ、検地や刀狩りの命が出され新しい会津の領主には蒲生氏郷《がもううじさと》が抜擢された。秀吉は仕置を終えると同月十三日★帰洛の途につき、往路とは別ののちの下野《しもつけ》街道南山《みなみやま》、高原越えで帰った。

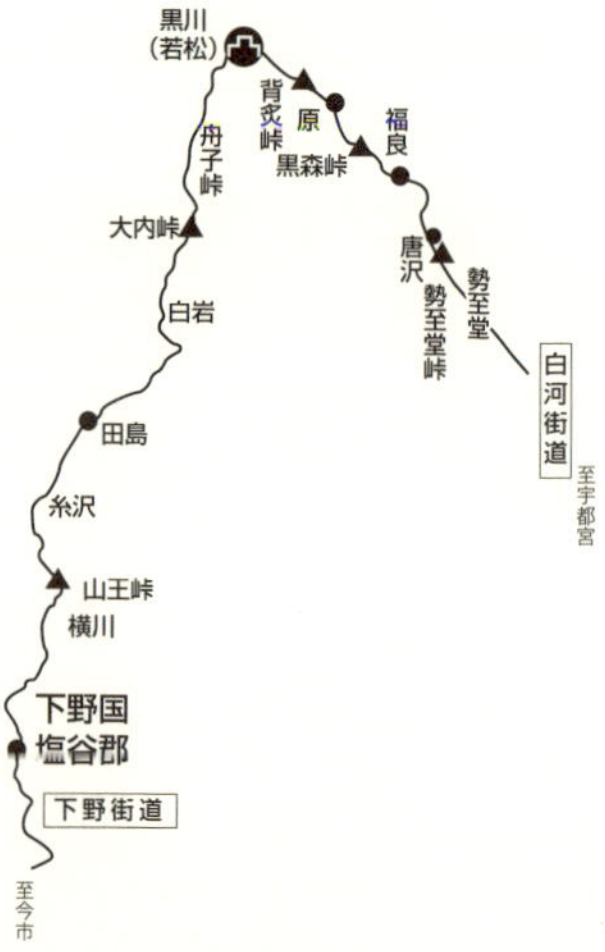

豊臣秀吉の行程
往路　小田原～宇都宮～白河～勢至堂～黒森峠～背炙山～黒川（若松）
帰路　黒川～田島～高原（栃木県藤原町高原）～京都

▼仕置
管理・統治すること。

▼十三日
「今宮祭祀録」（享保六年）は十二日黒川発、十四日宇都宮泊とする。

奥羽の押さえ

新たな会津領主となった蒲生氏郷は近江国日野五万石の領主蒲生賢秀《かたひで》の子として生まれた。その頃織田信長が次第に頭角を現し、同盟の証《あかし》として氏郷、幼名鶴千代が人質として岐阜の信長の下に送られることになった。時に鶴千代十三歳であった。この間鶴千代の非凡な素質を見抜いた信長は、その翌年自ら烏帽子《えぼし》親★となって元服させ、弾正忠信長《だんじょうのじょうのぶなが》の忠の一字を与え忠三郎賦秀《ますひで》と名乗らせ、さらに自分の娘冬姫を娶《めと》わせたのであった。この時氏郷十四歳、冬姫九歳であった。その後氏郷は数々の戦において銀の鯰尾《なまずお》の兜をかぶり常に先頭にたち敵陣に切り込み、その名は天下に鳴り響いた。

天正十年(一五八二)六月二日早暁、京都本能寺において岳父信長は明智光秀の謀反《むほん》により自害、氏郷はいち早く信長の家族を日野城に迎え籠城《ろうじょう》した。一方、明智軍を破った羽柴秀吉は以後、実質的に信長の跡継ぎとなり氏郷も秀吉につくこととなった。その後も秀吉の下で活躍を続けた氏郷は同十二年日野城主から、松ヶ島(三重県松阪市)十二万石と所領を倍増された。間もなく氏郷は海に近く城地拡張の難しい松ヶ島から、やや内陸に入った四五百《よいほ》の森に新たな城を築き、城下町を開き松坂と名づけた。そのわずか二年後、氏郷は秀吉の奥羽仕置に

▼烏帽子親
元服の際に立ち会う親、後見人。

鯰尾の兜姿の蒲生氏郷像
(滋賀県日野町)

よって会津四十二万石（のち九十二万石）という大領を得ることとなった。

蒲生氏郷の抜擢

秀吉によるこの人事は氏郷にとってはそれほどうれしいものではなかった。氏郷とて野望はあり、「都に近い西国であれば、武功も将来も望めるものを、この辺境ではその機会もない」と涙したという。一方秀吉にとっては力も人望もある氏郷を、奥羽の入り口にあたる会津に配置することは最良の策であった。北には伊達や最上など本心では秀吉に服従しない領主もいる。そこで氏郷を彼らを会津で防ぐ防御の盾《たて》として考えたのである。それでも氏郷はここを本拠とし、前任地松坂と同じく新たな城、城下町づくりに取り掛かった。そしてそれは徳川家康、毛利輝元に次ぐ天下の三大名として、また天下人秀吉の代執行人として奥羽に睨《にら》みをきかすものであった。

氏郷はまず七層の天守閣を持つ城を築き、鶴《つる》ヶ城《じょう》と名づけた。さらに寺社や侍屋敷、町屋の入り混じる町から、武家屋敷を分離させる新たな町割りで城下を築いた。そしてそこは黒川改め若松と命名されたのであった。

蒲生氏郷

若松と鶴ヶ城

氏郷の前任地松坂も氏郷の命名と前に記したが、氏郷は出世の端緒となった松ヶ島以来、「松」の字が吉相、縁起の良い文字と考えていた。松坂はこの松の字と、秀吉の建てた大坂城の坂の字を合わせて名づけたという。また松に出会いもの の鶴は氏郷の幼名が鶴千代であり、蒲生家の家紋★も雌雄二羽の鶴を描いた立鶴紋、また舞鶴紋であった。鶴もまた蒲生家を象徴するものであった。こうして氏郷が新たに大きく開いた町を若松、新たに築いた城を鶴ヶ城と名づけたのである。

また氏郷は故郷近江国日野から商人や木地師、漆器や酒造りの職人などを呼び寄せ、城下町と共に現在の会津若松の基盤を築いた。

▼蒲生家の家紋
氏郷が会津入りした際、藤原秀郷の後裔で下野国の武将小山小四郎は、代々伝わる秀郷流の家紋である左三巴を染め抜いた幔幕を献上した。氏郷は藤原の遠祖に還る思いがすると喜び、以後立鶴紋（上）に代え左三巴紋（下）を用いた。

鶴ヶ城七層天守閣（想像図）

氏郷の死

会津移封以来、大崎・葛西の乱★、九戸《くのへ》の乱★さらに九州名護屋《なごや》への出陣★と、氏郷は休む暇もなかった。文禄二年(一五九三)十一月氏郷は名護屋から会津へ戻ったが、そこで得た病が悪化し、翌三年春養生のため京都に上った。氏郷は柳馬場二条上ルに新たな邸を構え、秋には秀吉をはじめ諸大名を招き大饗宴を張った。しかし氏郷の病状の悪化は誰の眼から見ても明らかであった。秀吉は名医曲直瀬道《まなせどう》三《さん》を診察に送り、前田利家や家康にも名のある医師を派遣するよう命じた。しかし医師の見立てはいずれも難しいものであった。氏郷は手当てのかいもなく文禄四年二月七日四十歳の若さでこの世を去った。世間では氏郷の力を恐れた秀吉が毒殺した、という噂もたったが実際は病死であった★。

かぎりあれば　吹かねど花は散るものを　心みじかき春の山風

氏郷の辞世である。京都紫野大徳寺境内に遺骸が葬られ、会津若松の興徳寺には五輪塔が建立され遺髪が納められた。

▼大崎・葛西の乱
一五九〇年十月宮城県内の大崎、葛西氏の旧領で発生した一揆。新領主木村吉清に対する反乱で、単なる農民一揆ではなく、両家の旧臣や農民らの上方勢力への反抗の乱であった。

▼九戸の乱
一五九一年六月の陸中南部(岩手県)一帯に勢力をもつ九戸政実の反乱。総大将の氏郷は九月四日政実を降伏させた。これにより秀吉の天下統一は完全に成った。

▼名護屋出陣
朝鮮の役(一五九二)。豊臣秀吉による朝鮮侵略戦争。氏郷は朝鮮には渡らず、名護屋に留まった。

▼氏郷の死因
氏郷は名護屋で下血、浮腫などの症状が出た。その死因は黄疸、直腸癌、肝硬変などと言われる。

蒲生秀行の左遷

氏郷死去の報に接した秀吉はその翌々日徳川家康と前田利家を大坂城に呼び、前田玄以《まえだげんい》、浅野長政を加えた四人を氏郷の嫡子十三歳の鶴千代、のちの秀行の後見人と定めた。また家康の娘振姫《ふりひめ》をそののち秀行の正室として娶《めと》わせることも命じた。この時鶴千代は京都南禅寺で修行の身であった。氏郷が身体の弱い鶴千代を心配し、修行の末武将の任に耐えられるまでになれば跡継ぎにしよう、さもなくば僧にすると戒めていたのである。九十二万石を継いだ秀行であったが、その前途は多難であった。戦国の世をくぐり抜けてきた一騎当千の強者《つわもの》たち、家臣同士の勢力争いがたびたび起こるようになった。年若い秀行の力では抑えきれない事態も生じた。

慶長三年（一五九八）一月秀行は突然、会津九十二万石を没収され、宇都宮十八万石に移される旨が伝えられた。公にはこの減封は家中の不和騒動とされるが、別な原因説もある。それは秀行の母冬姫である。冬姫は信長の娘であり、美人の誉れ高かった。秀吉は冬姫を召しだそうとしたが、冬姫は髪を切り仏門に入ってしまった。これに怒った秀吉が秀行を左遷したという話も伝わっている。

蒲生氏郷の五輪塔（興徳寺）

これも会津

秀吉の陰謀

天下人秀吉にとって最大の敵は家康であった。表向き服従はしているものの、いつ自分に反旗を翻《ひるがえ》すかわからない。家康失脚は豊臣家の大命題であり、秀吉は常にそれを狙っていた。秀行と家康の娘振姫との結婚もその一つであった。本来蒲生家の役割は奥羽の武将の南下を防ぐことにあったが、もう一つ大事な役割があった。それは家康を北から牽制すること、事が起きたら秀吉と挟み撃ちすることであった。しかし蒲生家と徳川家が姻戚関係になったら、この計画は意味をなさなくなる。秀行はイザという場合、秀吉よりも家康につく危険性も高い。にもかかわらずこの婚儀を進めたのは、この裏に秀吉のしたたかな陰謀が隠されていたからだ。そしてそれはすぐ実行に移された。

秀吉は突然蒲生家臣らの不正を公にした。それは前年の検地と合わない部分が数カ所あるというものであった。その結果、会津九十二万石は没収、新たに近江国に二万石を与えると言い出したのである。ただしこれは蒲生家に直接言い渡したものではなく、豊臣政権下の有力大名に諮問するという形で発表された。九十二万石の大大名を取り潰すとなると、その影響は大きい。そのため毛利や前田らに諮るというものであった。

しかし家康は別であった。

豊臣秀吉

なぜなら家康は秀行の後見役として、当然その責めを負わされる立場にあったからである。これこそ秀吉が目論《もくろ》む家康失脚のシナリオであった。だが秀吉の狙いは結果として少し違う方向に行ってしまった。検地高の相違などいくらでも嫌疑をかけられる。この一件は将来の自分たちの問題でもあった。おいそれとはその処分を諾とするわけにはいかない。毛利らは穏便な処分を求めた。この裏には家康の意を汲んだ前田利家の働きもあった。家康は娘婿という搦手《からめて》からの秀吉の陰謀に何とか危機を脱することができた。しかし秀行はその三年後、家臣団の不和などを理由に結局宇都宮に左遷されてしまった。

徳川家康

上杉景勝百二十万石

慶長三年（一五九八）一月蒲生秀行にかわり、新しい会津の領主に任命されたのは越後春日山城主、九十一万石を領していた上杉景勝《うえすぎかげかつ》であった。景勝は百二十万石という徳川、毛利に次ぐ大領を与えられた。その領土は会津のほか庄内、置《おき》賜《たま》★、佐渡、福島県中通りに渡る広範囲なもので、これは会津の歴史上最大の石高であった。景勝は三月六日京都伏見を発ち、会津に入ったのは二十四日であった。

景勝は越後国魚沼郡上田庄坂戸城主長尾政景の次男として生まれた。母は上杉謙信の姉である。十歳の時、父が亡くなりその後叔父謙信の養子となった。天正六年（一五七八）謙信が没すると、同じく養子の景虎《かげとら》★（妻は景勝の妹）と家督相続をめぐって争い、翌年御館《おたて》に景虎を滅ぼしその跡目を継いだ。同十四年秀吉の臣下とはなったが、上杉氏は中世以来の名族であり、戦国の雄として天下取りの望みは捨ててはいなかった。秀吉の下では、のちには家康、利家らと並び五大老の一人にあげられた。景勝が会津に移って間もない慶長三年八月十八日秀吉が死去、その跡継ぎをめぐり再び世の中が騒がしくなる。

▼置賜
米沢市、長井市、南陽市、高畠町、川西町他の地域をさす。

▼上杉景虎
小田原城主北条氏康の七男で氏秀と称した。上杉謙信の下に人質として送られたが、謙信はこれを養子として迎え、自分の幼名である景虎の名を与えた。

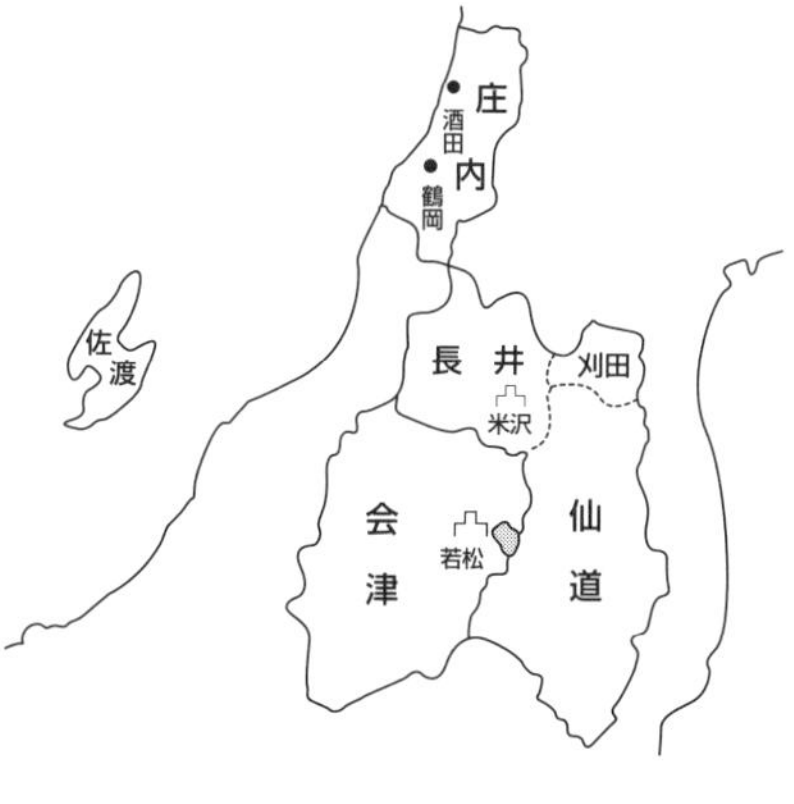

上杉景勝領国図

家康の台頭

秀吉の死後、その子秀頼《ひでより》が跡を継いだがわずか五歳であり、母淀《よど》殿が後見となった。また家康も秀吉の遺言により後見役を果たすことになった。翌慶長四年（一五九九）閏《うるう》三月三日五大老の一人前田利家が死去、家康の存在感はますます高まってきた。翌日、豊臣恩顧の大名加藤清正《かとうきよまさ》、黒田長政《くろだながまさ》、福島正則《ふくしままさのり》らから排されようとした秀吉の側近石田三成《いしだみつなり》は、大坂から伏見に走り仇敵家康を頼った。十日家康は清正らを諭し、三成を近江国佐和山の居城に退かせた。これにより家康の威望はさらに増した。

一方景勝は同年八月家康に暇《いとま》を請い会津に帰着した。この間、景勝の懐刀《ふところがたな》である執政の直江兼続《なおえかねつぐ》★は佐和山の三成を訪ね、家康の失脚の策を練ったという。会津に戻った景勝は領内の山道を開き、橋梁を修理させ、武具や浪人を集めた。また領内には二八もの支城があり、これらの整備をも命じた。

対家康、神指城を築く

景勝の領内整備の動向は逐一密告されていた。景勝はそれを意に介さず、対

直江兼続

▼**直江兼続**（一五六〇〜一六一九）上杉家臣樋口惣右衛門兼豊の長男、のち重臣の直江家を継ぐ。景勝に従い上洛、秀吉より豊臣の姓を許され、従五位下山城守に任じられた。智勇兼備の士として知られ、景勝が百二十万石を賜った際、とくに米沢三十万石を与えられた。

家康戦に備えさらに整備を急がせた。これに対し家康は弁明のため景勝の上洛を促したが、景勝はこれをまったく無視した。これに怒った家康は景勝を討つべく、諸将に準備を命じた。

対家康に備えた景勝であるが、中でも新城の築城は大きな命題であった。この時すでに蒲生氏郷の築いた鶴ヶ城はあったが、この城は比較的山に近く、城下町も完成しており拡張が困難であった。そこで慶長五年（一六〇〇）二月景勝は直江兼続に、鶴ヶ城の北西約三キロにある神指村《こうざしむら》に新城の築城を命じた。兼続は神指村はじめ一三の村を移転させ、城郭の割り出しを始めた。この時使役した人足は全領から八万人、また十二万人集めたとも伝えられる。本丸は三月十八日から、二の丸は五月十日に工事が始まり、六月一日には早くも土塁や石垣が成った。

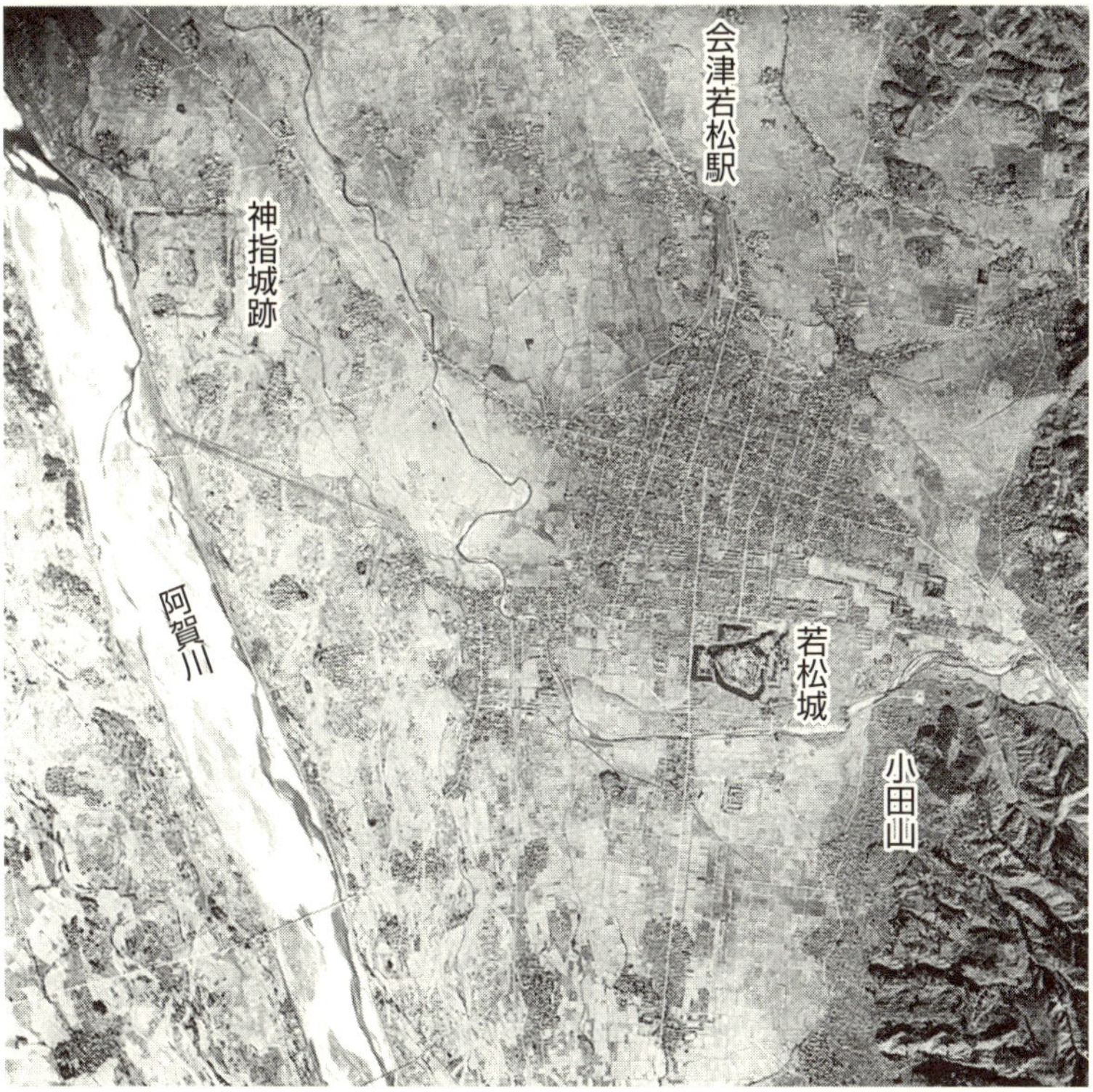

若松城、神指城位置図（昭和22年）

その規模は本丸が東西約百間（約一八〇メートル）、南北約百七十間（約三〇六メートル）、高さ約三丈五尺（約一〇・五メートル）、さらにその周りを二の丸が囲む巨大なもので、鶴ヶ城の二倍以上の規模をもつ城であった。神指城の周囲は西に大川（阿賀川）が流れ、三方は平坦な田畑であり遮蔽物《しゃへいぶつ》がない。敵にとっては街中の鶴ヶ城と違い、攻めにくい城になるはずであった。しかし六月十日工事は未完のまま突然中止されてしまった。家康の会津攻めがいよいよ近づき、途上にある白河城の修築が急がれたからである。

戦わずして敗れる

六月十八日家康は景勝攻めのため伏見城を出発、七月二日江戸城に入った。が、家康が江戸城を出て会津に向かったのは十九日後の二十一日であった。この間家康は去就を決めかねる諸大名に書簡を送り、徳川方への引き込み工作を行っていた。天下分け目の戦いであり、豊臣方に味方する大名もかなり見込まれた。勝敗は時の運とはいえ、味方はやはり多いほうがいい、もちろん勝った暁の恩賞も忘れてはいない。

準備を終えた家康はついに七月二十一日江戸城を出発、景勝征伐に向かった。その途中、小山《おやま》（栃木県小山市）で三成挙兵の知らせを聞いた家康は、次男の結《ゆう》

上杉景勝

家康行程図

城秀康《きひでやす》を宇都宮に止めて景勝を牽制させた。また女婿の宇都宮城主蒲生秀行を秀康に付属させ、軽々しく景勝と交戦することを戒め、自身は八月二日小山から江戸に引き返した。家康戻るの報を聞いた兼続《かねつぐ》は、これを追撃しようとしたが景勝は許さなかった。一方奥羽では景勝に同盟していた最上義光《もがみよしあき》★が徳川方に寝返り、伊達政宗も上杉領の北境を窺い小競り合いが起きていた。また南部利正《なんぶとしまさ》、秋田実季《あきたさねすえ》、戸沢九郎《とさわくろう》ら北奥の諸将も山形城に集結、上杉の背後を狙っていた。

結局、景勝は守りを固めざるを得ず、家康追撃はならなかった。一方、家康は九月一日江戸を発ち、十五日関ヶ原において東西両軍が激突、徳川方の大勝利に帰した。同三十日伊達政宗の下に勝報がもたらされ、同じ頃景勝には敗報が届いた。この後もしばらく政宗勢等と小競り合いが続いたが、ついに十一月三日景勝は和睦《わぼく》を決定、本庄繁長を上洛させ屈辱の家康への謝罪となった。景勝は翌慶長六年八月八日結城秀康に伴われ伏見城において家康に謁見、謝罪した。同十七日上杉家の処分が決まり、会津など九十万石を没収、わずかに米沢三十万石を与えることが言い渡された。

▼**最上義光**(一五四六〜一六一四)
山形城主。最上義守の嫡男として生まれる。家康の景勝討伐の際は家康側につく。上杉軍直江兼続の侵攻により危機をむかえるが、関ヶ原での石田三成敗北により上杉軍は引き揚げた。戦後は庄内も与えられ五十七万石を領した。

②加藤家のお家騒動

関ヶ原の合戦の後、蒲生氏が返り咲くが、その血は途絶えてしまう。その後、会津四十万石を継いだのは、松山からやってきた加藤嘉明だった。年老いた新領主は地震などで被害を受けた領土の補修に積極的に着手した。しかし嘉明の死後会津は……

蒲生秀行の返り咲き

このあと会津領主に任命されたのは宇都宮城主蒲生秀行であった。慶長六年（一六〇一）八月二十四日、十八万石から前回の九十二万石には及ばないものの、六十万石という高い石高での返り咲きを果たした。関ヶ原戦での秀行の役割は、宇都宮で上杉軍の東上を牽制しただけで、実際の戦いはなかったが、徳川勢の中ではトップクラスの加増だった。そこには、妻である家康の娘振姫の力が働いたのであろうか。秀行はこの時十九歳、夫人の振姫も十月一日会津入りを果たした。

しかし会津に戻っても蒲生家臣団の内紛は続いた。秀行は、氏郷時代小姓組四千石の岡半《おかはん》兵《べ》衛《え》重政《しげまさ》を二万石で要衝津川城の城代に配し、会津の支配にあたる仕置奉行の筆頭に任命した。この抜擢が家中不和の源となった。三春城代となった元

蒲生氏の支城図

仕置奉行の蒲生郷成《さとなり》は、岡重政と以前から合わず、蒲生家中はこの両派に分かれ隙間を生じていた。重政の権勢は日増しにつのり、ついに郷成らが出奔《しゅっぽん》、他の家臣の退散も相次いだ。

会津大地震

会津は比較的自然災害の少ない地方であるが、慶長十六年(一六一一)八月二十一日に起きた大地震は、過去例がないほどの大被害をもたらした。震源地は柳《やない》津《づ》町滝谷《たきや》付近といわれ、マグニチュード七と推定されている。この地震で鶴ヶ城天守閣の石垣が崩れ、七層の天守閣が傾いた。また名刹柳津の円蔵寺の舞台、菊光堂が只見川に落下、ほか多くの寺社が倒壊した。家屋の倒壊が二万余戸、死者は三千七百名といわれ、被害は全会津に広がった。阿賀川と濁《にごり》川の合流する山崎では、山崩れのため大土石流が発生し、阿賀川の流れを塞《せ》き止めてしまった。水位は次第に上昇し、二三の村を水没させてしまった。水は東西三八二〇メートル、南北二一八二メートルの湖として残り、山崎新湖と名づけられた。この水が完全に引いたのは三十四年後の正保二年(一六四五)のことであった。

この地震の直後、金銀島探検報告★で知られるイスパニア人セバスチャン・ビスカイノが、三陸沿岸測量調査の途中秀行を訪問した。ビスカイノは鶴ヶ城で洋食

山崎新湖「新水海」(右側)、左は猪苗代湖

▼金銀島探検報告
ビスカイノはイスパニア人の探検家。メキシコ経由で来日、三陸海岸の測定などを行う途中会津に立ち寄る。帰国後「金銀島探検報告」を国王フェリペ三世に献じる。

のもてなしを受けたと伝えられるが、この席上秀行は地震の原因について質問した。するとビスカイノはキリスト教徒としての立場から、神の天地創造について話したのち、神は必要と認め給う時、地を震動させ人々をして神を思い出させ給うのだと言って、キリシタンの教義について述べたという。

秀行の死

秀行はこの翌年慶長十七年(一六一二)五月十四日、まだ三十歳という若さでこの世を去った。★振姫との間には忠郷《たださと》、忠知《ただちか》、そして女の子一人が誕生した。振姫はこの時三十三歳、ところがその四年後の元和二年(一六一六)兄である将軍秀忠の命により、紀伊和歌山三十七万石城主浅野《あさの》長晟《ながあきら》に再嫁を命じられた。その翌年、振姫は光晟《みつあきら》を産んだが、産後の肥立ちが悪く間もなく亡くなってしまった。

秀行の跡は忠郷が継いだ。寛永元年(一六二四)春、蒲生家の豪壮な江戸屋敷が完成、四月五日には従兄弟である将軍家光が、十四日には伯父の前将軍秀忠が招かれた。その目的は忠郷の持つ茶の湯の道具を見ることにあった。それらはすべて会津三金山★の一つで、氏郷

蒲生家家系図

▼蒲生秀行の墓
会津若松市門田町館の弘真院にある。

▼会津三金山
朝日鉱山（会津若松市大戸町雨屋）のほか、黒森鉱山（耶麻郡熱塩加納村加納）、石ケ森鉱山（会津若松市一箕町）。蒲生氏郷時代頃から本格的に採掘が開始され、保科時代に多くは休山となった。

の開発といわれる雨屋《あまや》の朝日鉱山から産出した黄金でできていた。この秀行、忠郷時代、会津領内の金の産出量は最盛期を迎えており、二八〇万両もの採掘量があったという。茶会の終了後、これら金の茶道具はすべて将軍家に献上された。

しかし忠郷は寛永四年(一六二七)二十五歳の若さで病死してしまった。★跡継ぎがおらず会津六十万石は召し上げとなったが、弟の出羽国上山《かみのやま》四万石城主忠知《ただちか》に、とくに伊予松山二十四万石が与えられることになった。しかしこの忠知も同十一年(一六三四)子のないまま三十歳で急死、名族蒲生氏の血筋はついに絶えることになってしまった。

加藤氏の入部★

蒲生氏のあと会津領主となったのは加藤嘉明《かとうよしあき》であった。寛永四年(一六二七)伊予松山二十万石城主から、倍増の四十万石での会津移封であった。嘉明の父教明《のりあき》は三河国長良郷に住む徳川家譜代の家臣であった。しかし教明は三河の一向一揆に加担して徳川に敵対したため、尾張国に移り豊臣秀吉に仕えることとなった。

嘉明は天正十一年(一五八三)二十一歳の時、賤《しず》ヶ岳《たけ》七本槍の一人として活躍し、その後も栄進を重ねた。秀吉の死後はかねてからそりの合わなかった石田三成と袂を分かち、父祖の縁をたどり関ヶ原戦では徳川方についた。その功で松山二十

▼**蒲生忠郷の墓**
会津若松市中央二丁目の高巌寺にある。秀行、忠郷とも五輪塔。

▼**入部**
領主が初めて自分の領国に入ること。入封ともいう。

加藤嘉明

万石が与えられていた。そして蒲生氏に代わっての抜擢であったが、この時嘉明は六十五歳。自身の築いた松山を離れ、温暖の瀬戸内から寒冷の山国会津へと所得は倍増しても、うれしい移封ではなかった。

領内の整備と相次ぐ土木工事

それでも嘉明は積極的に領内の整備を行った。とくに江戸への道である白河街道については最初に手をつけた。この当時の白河街道は会津若松の城下から東へ向かい、狭く曲がりくねった急な山道の背《せ》炙山《あぶりやま》を越えていた。この名のいわれは山向こうの猪苗代湖西岸、湊の人たちが城下に来る際、行きは背に朝日を、帰りは夕日を背に浴びて帰ることから名づけられていた。そこで嘉明は通行に難儀なこの道から、遠回りにはなるがさらに北方の滝沢峠を経由する道を改修し本道とした。その後、次の明成《あきなり》の時代にさらに大改修を行い、峠道には石を敷き詰め寛永十一年(一六三四)に完成を見た。

また城下では氏郷の名づけた日野町を、同じ近江国の地名から甲賀町《こうかまち》と改名、背炙峠は冬坂峠に、大沼郡の火玉村《ひだま》は福永村へと、いずれも火災を連想させることからの改変であった。寛永八年(一六三一)嘉明は江戸で死去、六十九歳であった。

嘉明の没後、嫡子の明成《あきなり》が家督相続を許されたが、この時明成は四十一歳にな

松山城

っていた。寛永十三年（一六三六）諸大名に江戸城普請の手伝いが命じられ、明成は堀の開削を命じられた。費用は当然全額持ち出しであり、農民に対しても大きな負担が課せられた。また居城である鶴ヶ城天守閣も慶長の大地震で傾いたままであったため、明成の時代に七層の天守閣を五層に、さらに北と西の馬出しを拡張しそれぞれ北出丸、西出丸として、より一層堅固な城に変貌させた。同時に滝沢峠越えの道を白河街道の本道としたため、城への正門である追手門も東の廊下橋から北出丸に、郭内《かくない》への正門も天寧寺《てんねいじ》町口から甲賀町口に変更され、城下町の中心に向かって開かれることになった。

しかし相次ぐ大規模な工事に加藤家の財政は逼迫《ひっぱく》し、その補填のため農民からの年貢徴収は一層厳しさを増した。またそれに追い討ちをかけるように寛永十九年、二十年と飢饉が襲い、農民の中には集団で土地を捨て他領に逃げ出す者が二千人にも及んだという。

四十万石の首

戦国武将である嘉明の血を引いた明成は、大坂の陣でも抜群の戦功をあげたが、激しい気性の持ち主でもあった。その加藤家の家老堀主水《ほりもんど》との対立が、のち大きな問題を引き起こすことになった。主水は元、多賀井主水といい、先代嘉明の小

鶴ヶ城五層天守閣絵図

姓であったが、大坂の陣の際嘉明を討とうとした敵の武将と組み合い、堀に落ちながら敵の首を取った。その功で嘉明は堀の姓、さらに諸士の司として金の采配を与えた。嘉明の死後、何事も先代嘉明を引き合いに出す主水に、明成もうんざりで何時《いつ》しか主従の間は冷え切り、主水を疎んじるようになっていった。ある時、明成は主水の従者と他の侍の従者との間の争いに事寄せて、主水の従者を罰し、さらに金の采配までも取り上げてしまった。

　これに怒った主水はついに堪忍袋の緒を切り寛永十六年（一六三九）四月明成が参勤で江戸在勤中、弟の多賀井又八郎ら一族三百余人を引き連れ若松を出奔《しゅっぽん》してしまった。主水は城下のはずれで城に向けて発砲、さらに途中の闇川橋《くらがわばし》を焼き落とし芦野原の関所を突破した。江戸でこの報告を受けた明成は烈火のごとく怒り、草の根分けても主水を捕らえるよう厳命を下した。主水は追っ手の到来を予想し、妻子を鎌倉の東慶寺《とうけいじ》★に預けた。東慶寺は駆け込み寺として有名で、ここに逃げ込めば誰も手が出せない治外法権の寺である。鎌倉で家臣らに暇を与えた主水は弟二人と高野山《こうやさん》★に向かった。

　高野山もまた治外法権の寺であったが、執拗な明成はあきらめない。高野山に主水の引き渡しを求めたが受け入れられず、ついに会津四十万石に代えても主水を捕まえたいと幕府に願い出た。幕府も度重なる明成の要求に根負けし、主水を山から出すよう命じた。しかし高野山にも意地がある。そう簡単に幕府の要求を

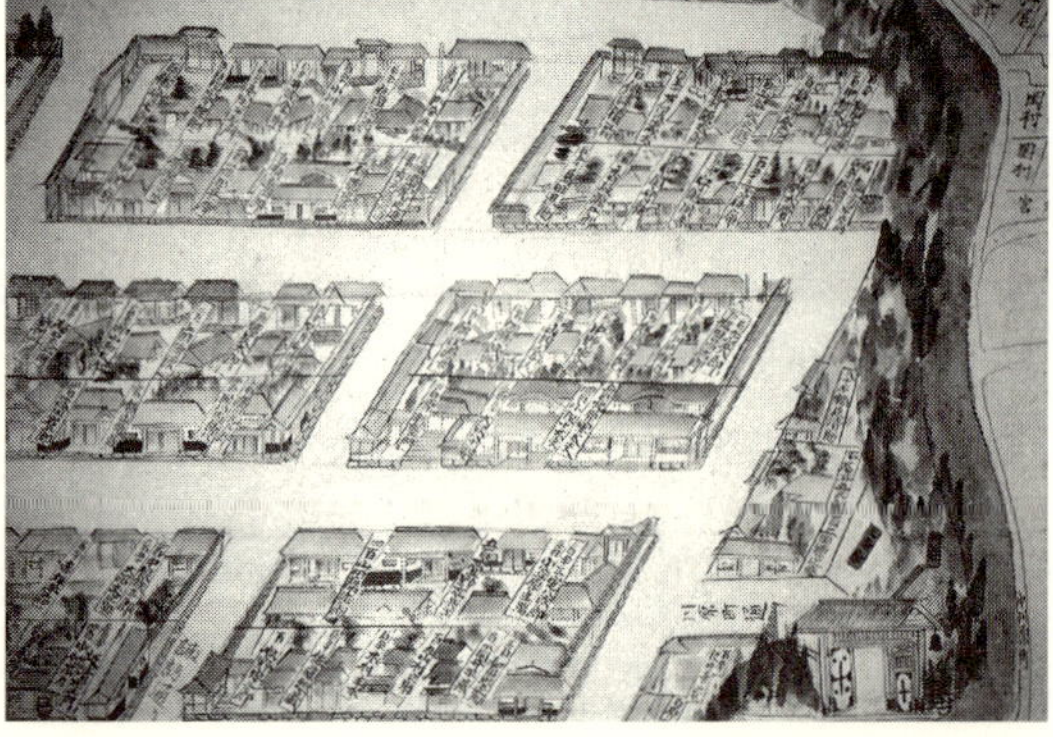

主水らは川原町口を出て南へ向かった

▼東慶寺
神奈川県鎌倉市。駆け込めば離縁できるという女人救済の寺として知られる。

▼高野山
和歌山県伊都郡高野町。弘法大師空海の開基、真言密教の道場。

呑むわけにはいかない。そうこうしているうち、主水はこれ以上高野山に迷惑はかけられないと自ら山を下りた。ついに進退に窮した主水は同十八年(一六四一)三月江戸に出て、明成を訴え出るという挙に出た。

その訴えとは城の無断改築、新たに関所を造ったことなど七つの罪状をあげ罪を問うた。事件は将軍家光の知るところとなり、自らその断を下した。その結果は主水及び弟二人を明成に引き渡すというものであった。主水の完全な敗訴である。その理由として、主従は義を以って結ばれなければならない、というものであった。つまり主に非があれば諫《いさ》めるべきであり、或いは自らの死を以ってしても諫めるのが忠臣の務めである。しかるに主水は主人に叛いたばかりか、これを訴えた。これは義にはずれており、臣が主に従うのは天の道であると結論づけた。主側に都合の良い論理であるが、幕藩体制が成立して間もないこの時点では、このような結論に達するのも必定であった。この結果、主水らは明成に引き渡され、すさまじい拷問《ごうもん》の末殺された。

その二年後、寛永二十年(一六四三)五月、幕府は明成の会津四十万石返上を受け、これを没収、明成の子明友《あきとも》に石見国《いわみのくに》吉永(島根県大田市)にわずか一万石を与える旨が伝えられた。

あわれな末路

以上、第一章で記したように会津の領主には、日本史にも登場する名のある武将が次々とその支配を任された。彼らは心情的にはともかく、大幅な加増でその時代のトップクラスの石高を得て栄転、意気揚々と会津入りを果した。ところが会津を去る時は、すべての領主が石高を大きく減らされ失意のうちに出て行き、会津から更に栄転した領主はいなかった。

では会津という所は武将にとって縁起の悪い所か、というとそうではない。これを裏返して考えてみると、会津はそれ程重要な所であったと言えるのである。奥羽の咽喉元《のどもと》にある東北一の大都市会津には、誰を置いても良いというわけにはいかなかった。信頼性と力のある、人物的にも優れた武将を置く必要があったのである。

葦名氏家紋

伊達氏家紋

蒲生氏家紋

上杉氏家紋

加藤氏家紋

第二章 保科正之とその時代

二代将軍・秀忠の隠し子は、異母兄・家光によって時を得た。

① 保科正之の数奇な運命

徳川幕府が開幕してから間もなく、保科正之が誕生する。
将軍家の血を引きながらも、高遠藩に引き取られた正之は累進し、
やがて、将軍後見人として、持ち前の才覚を発揮していくのだった。

保科正之という人物

加藤明成が失意のうちに会津を去ったのち、新たな会津領主に任命されたのは、三代将軍徳川家光の異母弟保科正之《ほしなまさゆき》であった。最上山形二十万石から三万石加増され二十三万石、更に南山《みなみやま》御蔵入《おくらいり》領五万石余を私領同然に預かることを許され、実質二十八万石という高い石高での入部であった。本来ならば南山御蔵入領は会津藩領としてもよかったのであるが、これでは御三家の一つ水戸家の石高を超えてしまうので預かり地としたという。歴代の会津領主のうちでは一番石高が少ないが、それでも幕末時点では二百七十ほどある藩のうち、上から十九番目くらいにランクされる。出世を果たした正之であったが、その姓が示すように将軍の血を引きながら、ここまで数奇な運命をたどってきた。

保科正之

出生の秘密、隠し子誕生

正之は慶長十六年（一六一一）五月七日江戸神田白銀町《しろがねちょう》で誕生した。父親は二代将軍徳川秀忠であったが、正之の誕生は極秘とされた。もし正之の存在が秀忠の妻お江与《えよ》に知れたら、母子の命の保証はなかったからである。正之の母お志津（静）は元北条家の家臣神尾伊予栄加《しげます》の娘で、縁あって江戸城に奉公していた。そのお志津を秀忠が見初めたのである。

秀忠というと恐妻家として知られるが、その妻お江与は織田信長の妹お市の三女、秀吉の愛妾淀君の妹にあたる。秀忠より八歳（六歳、九歳とも）年上で、政略結婚により過去二回結婚し、三人の子を産んだことのある女性であった。戦国乱世を生き抜いてきた女性であり、気性も激しかった。

一方の秀忠は家康に見込まれ二代目を継いだだけあって謹厳実直、側室も置けなかった。秀忠とお江与の間には長男家光、次男忠長《ただなが》、三男長丸《ながまる》が生まれた。そしてお志津との間に運命の子正之が生まれるのであるが、実はお志津の懐妊は二度目で、一度目はお江与を恐れ水に流していたのである。今回も一族協議のうえ、再び水に流そうとしたのであるが、お志津の弟神尾政景が反対を唱えた。「我ら一門の死活が大切とはいえ、将軍の子を二度も水に流すとは天罰は必定」と強硬

うやまって申祈願の事

南無氷川大明神、当国の鎮守として跡を此国に垂れ給い、衆生普く助け給ふ。ここにそれがしいやしき身として太守の御思ひものとなり、御胤を宿して当四五月頃臨月たり。しかれども御台嫉妬の御心深く営中に居ることを得ず。今信松禅尼のいたわりによって身をこのほとりに忍ぶ。それがし全くいやしき身にして有難き御寵愛を蒙る。神罰としてかゝる御胤をみごもりながら住所にさまよう。神明まことあらばそれがし胎内の御胤御男子にして、安産守護し給い、二人とも生を全ふし、御運を開くことを得大願成就なさしめたまはば、心願のこと必ずたがひたてまつるまじく候なり

慶長十六年二月　志津

志津が生まれてくる子の安産を願った願い文。文中の信松禅尼は見性院の妹。

▼見性院
次ページ参照。

に主張し、かろうじて正之の命は助かったのであった。

誕生した翌日、密かに江戸町奉行米津勘兵衛を通して、老中土井利勝に報告。利勝は翌朝、湯殿において秀忠に報告したところ「覚えがある」と一応認知し、名を幸松《こうまつ》と命名し懇ろに養育せよとの伝言があった。しかしこの誕生が公に発表されることはなかった。

極秘の養育と高遠藩相続

幸松母子は江戸市中に息を潜めて暮らしていたが、いつお江与の刺客が来るかもしれない。そこでお志津は幸松が三歳の時、つてを頼り見性院《けんしょういん》★の保護を受けることになった。見性院とは武田信玄の娘、武田からのち家康の家臣となった穴山梅雪の未亡人で、家康の庇護により江戸城田安門内に屋敷を賜っていた。見性院なら力もあるし母子にとって安全な場所であった。それでもある時、幸松の存在を嗅ぎつけたお江与は、詰問の使者を見性院の下に差し向けた。すると見性院は、確かに子は預かっているが、これは将来自分の子として領地も譲る考えであると、毅然として追い返したという。

しかし幸松が七歳になると、女の手で養育したのでは将来が案じられると考え、かつての武田の家臣で、信州高遠二万五千石藩主保科正光《ほしなまさみつ》に養育を依頼した。

▼見性院
家康の庇護により武蔵国大牧村に六百石の知行地を与えられていた。見性院は正之が高遠に行った五年後の元和八年（一六二二）八十歳で亡くなった。墓所は埼玉県さいたま市緑区の清泰寺。

そこで江戸を離れ母子共々、高遠で暮らすことになった。ここまで父親の秀忠は、お江与を恐れ何も父親らしいことはしてこなかったが、正光に対し養育料として五千石加増、三万石としたのであった。

この時、正光は幸松を預かるということで、正式な養子関係ではなかった。しかし正光に実子がなく一緒に暮らすうち、いつしか情愛もわき幸松を我が子と思うようになり、のち家督を譲るため幕府に養子願いを出しこれが認められた。幸松は通常通り十五歳で元服、一人前となった。普通はそこで幼名から正式な名、諱《いみな》を与えられる。それでも正光にとっては、まだ秀忠に遠慮があったのであろう。保科家では代々諱には「正」の字がつけられるが、元服の際に諱は与えられなかった。しかしいつまでも幼名の幸松ではおかしいので、保科家中では内々に信濃様と呼んでいた。

養父正光は寛永八年(一六三一)七十一歳で死去、幸松に高遠三万石相続が許され、ようやく正之と名乗ることになった。正之二十一歳の時であった。その翌年、実の父秀忠が亡くなったが、ついに正式な親子の名乗りはなかった。高遠を継いだ五年後、寛永十三年(一六三六)突然正之は異母兄である三代将軍家光により、十七万石加増され、出羽国最上二十万石へ移封された。戦国の世ならいざしらず、一挙に約七倍十七万石加増とはまず考えられない増封であった。

正之の養父、保科正光

これも会津

目黒の鷹狩り

ある時、家光は江戸郊外目黒に出掛けた。と言っても秋刀魚《さんま》を食べに行ったのではなく、趣味の鷹狩りに出掛けたのである。途中、喉が渇いた家光は、二、三の供と休息を取るべく、とある粗末な寺を訪ねた。家光は身分を偽り「我らは将軍家の供の者でござるが、少々休ませていただきたい」と言うと、その寺の住職は快く招きいれた。

家光が寺の中を見回すと、貧乏寺には似つかわしくない画軸が掛かっている。不審に思った家光は「この画はいずこより手に入れられたのでござる」と聞くと「ここは城下からも遠くございますゆえ、さしたる檀家もございませんが、保科肥後守様の御母上様より、時々祈禱のことなど頼まれ頂戴いたした物にはございます。保科様も豊かなお暮らしぶりではございません。皆様方には将軍家の御家人と承りましたが、恐れ多いことではございますが、身分の高い方々は何と情けの薄いことでございましょうか。保科様はただ今の将軍様の御弟君であらせられますのに、わずかな石高で貧しくいらっしゃいます。賤《いや》しい者でさえも兄弟の仲は深いものでございますが、身分の高い方は何と薄情なものでございましょうか」と茶飲み話に語った。

これを聞いた家光は一瞬顔色が変わったが、何事もなかったかのように礼を言って出て行った。すると間もなく家光のあとを追ってきた供の面々が寺を訪ね「上様はおいででござるか」「いえ、将軍様のことは存じませんが、今までお供の方々と申される方がおいででございました」「いや、それこそ上様に違いない」と、言われて驚いたのは住僧である。知らぬこととはいえ、天下の将軍を目の前にして非難したのであるから、いかなる罪を得るか生きた心地もしなかった。幸いこの僧にお咎めはなく、間もなく正之に最上二十万石の報がもたらされたという。

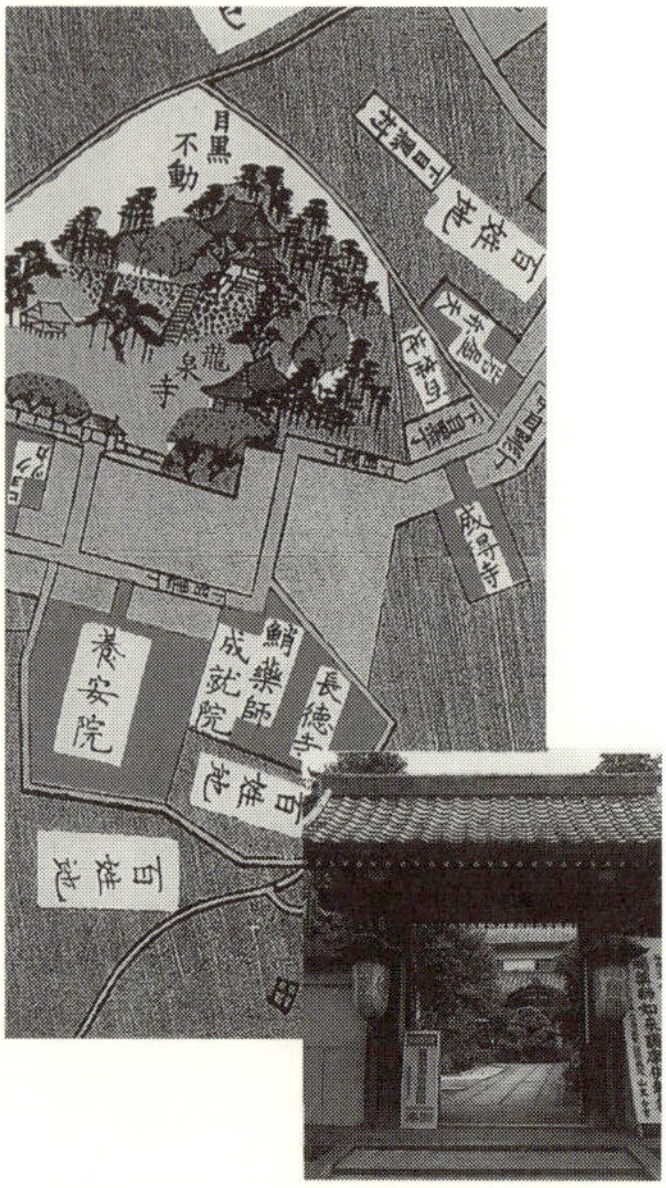

蛸薬師成就院
正之の母志津（静）がいつの日か、将軍の子として認知されるよう願をかけた。また何体かの仏像を寄進し、今でもお静地蔵として信仰を集めている。（東京都目黒区）

西国に異変ある時は……

正之の最上山形★の領主期間は七年間、正之が二十六歳から三十三歳までであった。山形に入った翌年の寛永十四年（一六三七）、この年正之は参勤により江戸に滞在していたが、九州島原において大規模な農民一揆が起きた。十六歳の天草《あまくさ》四《し》郎《ろう》★がキリシタンや農民を率いた一揆で、領主の圧政に蜂起して、島原の城を奪うほどの事件となった。幕府は最初これを甘く見ており、すぐにも鎮圧できると思っていた。鎮圧軍を派遣したが逆に一揆軍に敗れ、幕府もようやく事の重大さを覚り、佐賀の鍋島、熊本の細川らをはじめとする大軍を送ることとし、総大将に将軍の名代を派遣することに決まった。将軍の名代であるから重要な役目であり、地位のある者が選ばれる。大名や世間の間では、家光の弟である保科正之が選ばれるであろうと、もっぱら噂されていた。そしてついに正之が呼ばれ、命が伝えられた。

ところが正之の向かう先は、自分の領地である山形であった。島原とはまったくの反対方向である。江戸や山形の家臣たちも、当然島原鎮圧の命が出るものと思って準備をしていた。ところが家光の命は山形に帰城せよであった。これを聞いた家臣らは、正之が家光によく思われていないのではないかと心配した。その

▼最上山形
山形城。第一章で記した最上氏のあと、鳥居氏が城主となった。左京亮忠恒（二十二万石）の時、跡継ぎがなく没したので幕府に収公された。弟の忠春に高遠三万石が与えられることになり、正之と入れ替わる形となった。正之は浪人となった鳥居家臣を多く抱え、彼らは左京衆と呼ばれた。

▼天草四郎
本名益田四郎時貞、寛永十五年（一六三八）捕らえられ死す。

前には家光の実弟忠長《ただなが》★が家光によって自害させられていたからである。

しかし正之は山形への帰国はさも当然と思っていた。不審に思った家臣たちが理由を尋ねると、祖父の家康は「西国に異変ある時は、東国に注意せよ」と常々語っていたと説明した。その理由であるが、この時代になってもまだ徳川の政権は完全に安定したわけではなかった。隙あらば幕府転覆を目論む大名もいた。つまり島原の乱で幕府の目が西に向いている間に、東国の大名が幕府を倒すため攻め上るのを防ぐ用心のため帰国したのである。正之自身は役割を十分に認識していたと言えるのである。

またこの年、正之は将軍の命により保科家代々の家宝類を、保科家本流である保科弾正忠《だんじょうのじょう》正貞に譲り渡すよう命じられ、これで晴れて徳川の一員として認められたのであった。その後寛永二十年（一六四三）、正之は山形二十万石から更に三万石加増され、二十三万石会津藩主に任命されたのである。

▼**徳川忠長**
兄家光と折り合いが悪く、周囲からも次期将軍の期待を受けた。しかし祖父家康の裁断で家光の将軍職相続が決まった。その後粗暴な振舞いも多く、父秀忠により甲斐に蟄居を命じられた。秀忠没後は上州高崎城に幽閉され、寛永十年（一六三三）自刃した。

保科家家系図

保科正直─┬─正光──正之──正経──松平正容
　　　　　└─正貞（飯野藩）

高遠、最上、会津位置図

② 藩政の基礎を築く

晴れて会津の藩主となった正之だが、早速多くの課題に取り組むことになる。藩内の飢饉や災害などの危機管理を実践するために、積極的に策を振るう。また、将軍後見役として、幕政にも参与、忙しい日々の始まりでもあった。

南山御蔵入領

正之は会津入りの際、南山御蔵入領五万石余を私領同然の預かり地として与えられた。南山御蔵入とは城のある若松から見ると南方の山岳地帯にあたり、御蔵入というのは本来年貢米を幕府の御蔵に納める領地という意味から名づけられている。

次頁図のように会津藩領と南山領は面積的にはほぼ同じ位である。ところが会津藩領は二十三万石、かたや南山は五万石余である。それだけ米の穫れる量に差があった。この当時日本では藩の強さ、大きさを表すのに石高、つまり米の穫れる量で表していた。二十三万石というのは表高《おもてだか》と言い、実高《じつだか》とは多少異なる。新田開発が進めば実収は増えるし、凶作の時は減るからその年によって変わってくる。

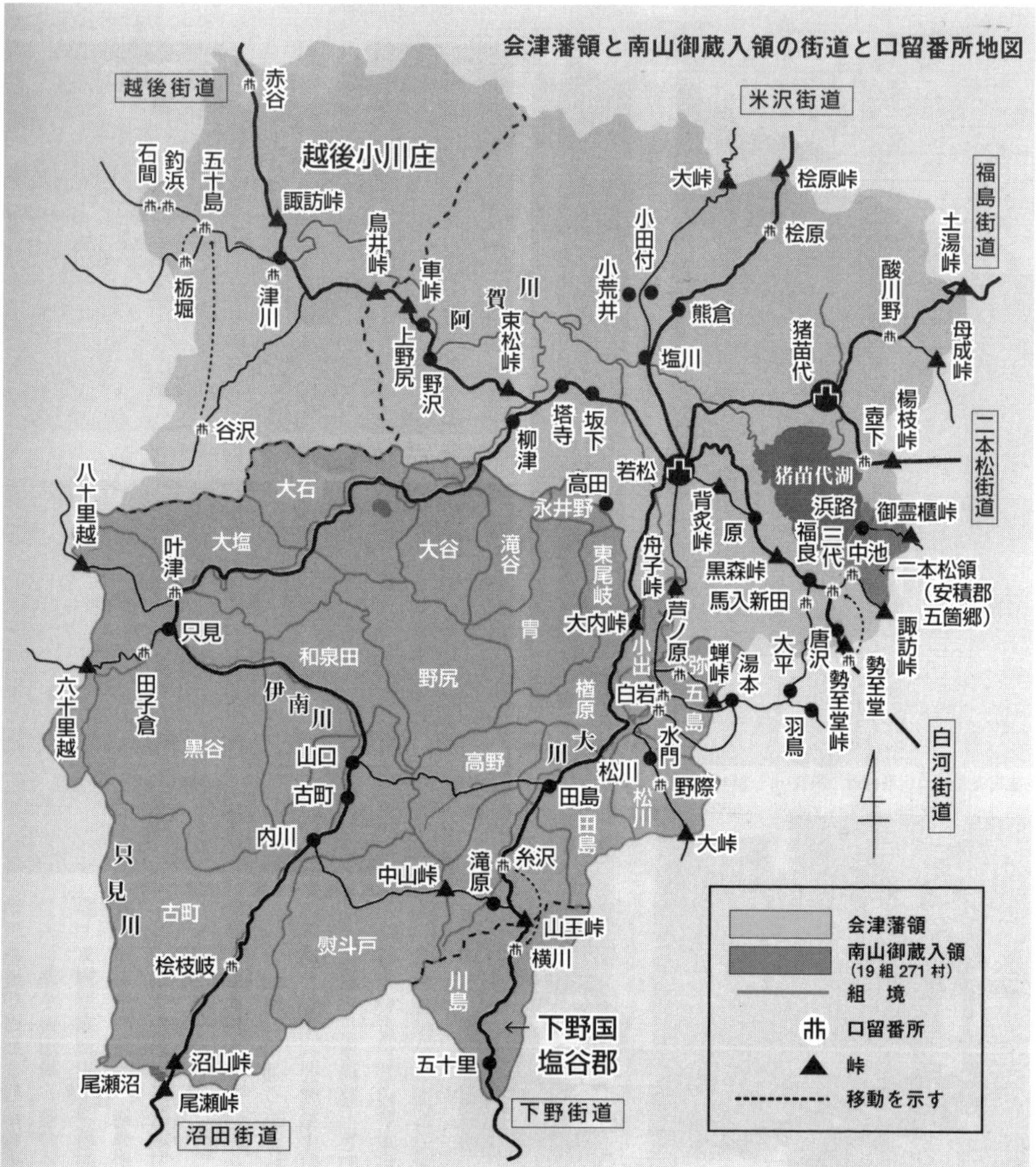

会津藩領、南山御蔵入領図

正之入部から、南山が正式に会津藩領に編入される文久三年（一八六三）まで二二〇年間のうち預かりが五回一七五年、幕府直轄時代が四回四十五年と預かりと直轄を繰り返したが、預かり期間が圧倒的に多かった。

将軍後見役

正之が会津藩主となったのは三十三歳の時であるが、この時一年間会津に滞在した。次に帰国したのはその三年後、正保四年（一六四七）の秋に帰り、翌慶安元年正月江戸に戻った。その次に会津に帰ったのは、実に二十三年後、正之が六十歳になった時であった。通常、多くの大名は参勤交代により、江戸と国元に一年おきに住むことが決められていた。しかし正之は別であった。とくに慶安四年（一六五一）兄家光が亡くなり、跡継ぎの四代将軍家綱《いえつな》の後見を託されたからであった。★家綱は十一歳で将軍職を継いだが、通常幕府の政治向きのトップは老中といい、大体三万石から十二万石クラスの譜代大名から出来のいい人物が選ばれていた。正之は親藩《しんぱん》、将軍家の親戚で家綱の叔父にあたり、老中より格が上の後見役という立場にあった。それも家光の遺言であった。ということでずっと江戸で暮らし、会津に帰る暇はなかった。

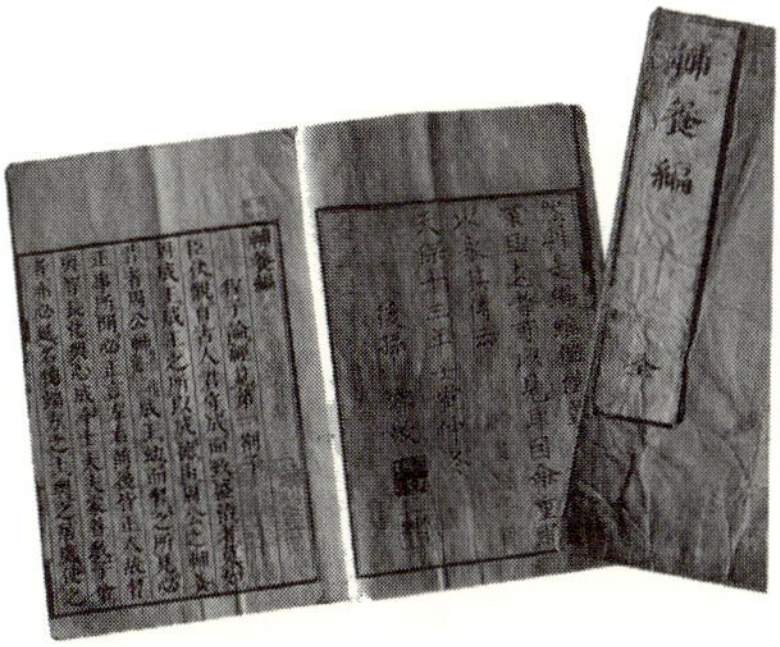

▼『輔養編』
正之は家綱の輔導のため幕医土岐長元に『輔養編』（天下を治める者としての教養訓というべきもの）を編述させ、家綱に献上した。

凶作の備え、社倉

さて正之は将軍後見役として国の政治を見ていたが、もちろん会津領内のことも忘れてはいなかった。数々の善政を行っているが、その中には現代にも通じるものもいくつかある。その一つに明暦元年（一六五五）に始めた社倉制度《しゃそうせいど》がある。

文明の発達した現代においても天候不順による凶作を無くすことはできないが、江戸時代はかなりの率で凶作が起きた。この時代、米は年貢として藩財政の根幹をなすもので、凶作は藩経済に大きな影響を与えた。米は貨幣と同様の価値をもっていたのである。また凶作はとくに貧しい農民にとって打撃だった。こうした相次ぐ凶作に備えるため、正之は社倉という制度を作った。これは中国・朱子の「社倉法」に倣《なら》ったもので、まず米七千俵余りを藩で買い入れ、各代官に預けておく。翌年から通常よりかなり低率の二割の利子で困った農民に貸し付け、その利子で年々蓄え米を増やし凶作の備えとした。また飢饉《ききん》の際や病人、堰堤工事人足、新田開発者、火災に遭った人たちへは無償で与えることもあった。これにより村々に蔵を建て収納、これを社倉と名づけた。備蓄米はのちには五万俵にも達し、領内の二三カ所に社倉が建てられた。

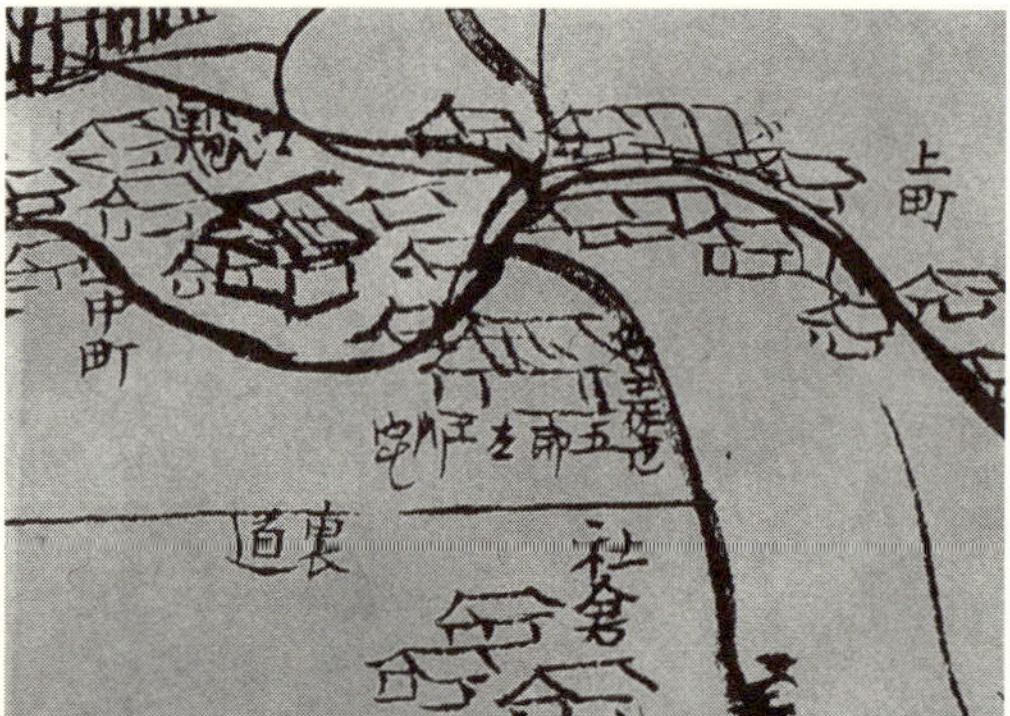

南山・伊南郷の社倉

日本初の年金支給

またこの社倉米を利用して日本初の老齢年金制度を創設したのも正之であった。寛文三年（一六六三）領内の九十歳以上の老人に年金、といってもお金ではなく米の支給を開始した。その量は一人扶持《ぶち》、これは一日玄米五合、年間では約一石八斗、米俵で四俵半（約二七〇キログラム）になる。九十歳以上となるとかなり少ないと思われるかもしれないが、当時の人口や社会事情を考えると意外に大勢いた。侍の祖父母が四人、城下の町人が男四人、女七人、村方では一四〇人もいた。この頃の会津地方の人口は約二十三万人、うち九十歳以上は一五五人である。支給の当日、歩ける者は自分で、歩けない者は子や孫が受け取りに来て、いずれも涙を流して前代未聞の善政と感謝したという。

殉死の禁止とその波紋

正之はある時、藩の儒者横田俊益《よこたとします》から『詩経《しきょう》　秦風黄鳥篇《しんぷうこうちょうへん》』の講義を受け、ついで朱子の『殉葬論《じゅんそうろん》』を読み、殉死は人倫にもとる行為と悟った。これにより正之は寛文元年（一六六一）全国に先駆け、会津領内において殉死★を禁止した。

▼殉死
本来殉死は衷心から腹を切るものだが、中には商い腹（あきないばら）といい、忠義の臣であると周囲に思わせ、子孫への加増や自家の繁栄を期待する者もいた。

ついで同三年には幕府に建議して、全国で殉死を禁止した。この禁止が思わぬ波紋を呼び、米沢藩上杉家から一人の藩士を会津藩にトレードするという珍事が起きた。

米沢藩士福王寺《ふくおうじ》八弥《はちや》は時の藩主上杉綱勝《うえすぎつなかつ》にかわいがられ、とんとん拍子に出世。再三の加増で破格の出世を遂げた。そうなると面白くないのは人の常、どこの世界でもねたみや嫉妬はつきもの。それでも綱勝が生きている間は、目立った嫌がらせは少なかった。ところが綱勝が若くして亡くなると、いじめは一気に爆発した。それは綱勝が死んでも八弥が殉死しなかったからである。跡を追わないとは恩知らずなヤツだと、今までのやっかみも加わりいじめに一層拍車がかかった。しかし八弥には死ねない理由があった。それは幕府が殉死を野蛮な風習であると禁止し、殉死者を出した藩は家中取り締まりよからずとして、罰せられることになったからである。

これを発案、推進したのは正之であり、八弥から苦衷を訴えられ、ついに八弥を引き取ることになったのである。

振袖火事とその対策

明暦三年（一六五七）一月正之が四十七歳の時、江戸でかつてない大火が発生し

▼振袖火事
本郷丸山の本妙寺において因縁ある振袖を供養のため住職が火中に投じた。折しも強い風が吹き、振袖は燃えながら空中に舞い本堂の屋根に落ち、たちまちのうちに火が江戸中に燃え広がっていったという。

た。明暦の大火、たった一枚の振袖《ふりそで》が火事の原因となったことで、振袖火事★とも言われる。死者が十万七千人といわれ、空前の大災害を引き起こした。火災は三日三晩に渡り、江戸の町を焼き尽くしてしまい、江戸城も焼け落ちた位であった。しかも火災の後急に気温が下がり、今度は家を失った人が凍死するという有り様であった。この重大な危機に直面して、正之は幕閣の中枢にいて指導力を発揮し、見事な危機管理術でこれを乗り越えた。

当時江戸は世界最大の都市で、人口も百万人近くあった。幕府の米蔵は浅草にあり、各地からの年貢《ねんぐ》米が集められていた。火はこの蔵にも次第に迫ってきた。もし蔵に火が入ったら一粒の米も残らない。報告を聞いた正之は火に罹《かか》るよりはましと、蔵を開放させ消火を手伝わせ自由に米を持ち出させた。また火災後は大名に命じて江戸市中六カ所で粥の炊き出しを行った。

こうした大災害が起こるとまず物が不足する。すると物の値段が上がる。中でも食糧は一番大きな問題であった。この時、米も次第に値が上がっていった。しかしこれは経済の法則である程度は仕方がない。これを強制的に抑えても需要がある以上、米はヤミ市場に流れていき流通が少なくなり、また値が上がるという構図になる。そこで正之は米の値段の上昇を抑えるある方策を考えた。

逃げ惑う人々

粥の炊き出し図

正之の危機管理術

物の値段は需要と供給の関係で決まる。物は流通が少なくて需要が多ければ値段は上がる。反対に物が余れば値段は下がる。そこで正之は米の需要を少なくした。と言っても米の代用品を確保したわけではない。この頃江戸の人口の半数以上は侍と奉公人、女中など武家関係で占められていた。参勤交代制度で各大名は一年おきに江戸と国元に住むこととされていた。そのため毎年約半数の大名が江戸で暮らす。当然江戸に屋敷を構えることになる。また大名が国元に帰っても、奥方（正室★）は江戸に人質として留め置かれたので、常に江戸には大勢の侍が暮らしていた。そこで正之は参勤中の大名は国に帰らせ、交代でやって来る大名に対しては参勤を延期させた。これにより江戸の人口は大きく減ることとなった。

したがって米の需要が減り、その結果値段も下がるという結果を生んだのであった。しかも正之は火事で焼け出された町人の家の再建に、幕府の金庫から一六万両もの大金を支出しようとした。これに対し、幕府の役人はこれでは金庫がカラッポになってしまうと、大反対した。その時正之は言った。「幕府の金というのは、このような非常時にこそ下々に与え、安心させるためにある。ただ蓄えておくだけでは、蓄えの無いのと同じである。早々に支出するように」と発言、実行に移された。

▼正室
大名の正室はおおむね大名から貰うが、縁組は将軍の許可を要した。

救援金支給の図

江戸城天守、再建計画

またこの火災では江戸城の天守閣にも火が罹り炎上してしまった。家康の建てたこの白亜の天守閣、高さが六十数メートル、今の国会議事堂くらいの日本一の高層建築であった。それが燃えてしまったのであるから、幕府の権威にもかかわる。そこで早速、再建計画が示された。ところがこれに対し、再び正之が意見を述べた。「そもそも天守閣というのは織田信長以来のもので、城の要害にはそれほど利のあるものではない。その役割も展望台にしか過ぎないものである。天守閣の再建には大勢の大工を必要とする。今江戸市中では住む家を失った町人たちが、家の再建の真っ最中であるのに、下々の障害になることは避け、当分天守閣の建設は延期すべきである」と言った。その結果、この意見が採られたが、その後も江戸城には二度と天守閣は建てられず、現在でも天守の石垣が残るだけとなっている。

会津藩江戸藩邸

この火災では会津藩の江戸屋敷も燃えてしまった。会津藩では上《かみ》、中《なか》、下《しも》の三屋敷のほか深川には米蔵屋敷も持っていた。正之時代の上屋敷は最上時代に拝領

江戸城天守閣石垣

したもので、外桜田門内にあった。その後三代藩主松平正容《まつだいらまさかた》の時代に大手前竜ノ口に移り、さらに和田倉門内に九一五〇坪の屋敷地を賜り、幕末まで政務の拠点となった。中屋敷は汐留、現在の浜離宮庭園の隣にあった。ここはかねてから正之が望んでいた所で、海の見える景勝の地であった。隣は仙台藩伊達家の上屋敷で、汐留の再開発により東京都が発掘調査を行い、瀬戸物や漆器、装身具などが多数見つかった。明治には日本で最初に汽車が走った新橋〜横浜間の新橋ステーションともなった所でもある。下屋敷は江戸城の西、三田の高台にあり別荘的に使われた。中、下屋敷は面積が三万坪前後と広大なものであった。

火災の時、正之は江戸城内で四代将軍家綱を守り、詰めきりであったので、中屋敷は跡取りの正頼《まさより》が陣頭指揮をとっていた。藩主家族が生活する中屋敷にも火が近づき、正頼は全員を安全な品川の東海寺に避難させた。しかし元々身体の丈夫でなかった正頼は、無理がたたり寝込んでしまった。残念ながら正頼は火災の十日後、十八歳の若さで亡くなってしまった。正之はこの時四十七歳であった。誰もが認めた跡取りであり、正之の嘆きは相当なものであった。

院内御廟と子どもたち

正之は正頼のために会津に墓を建てることを命じた。家老らは何カ所か候補地

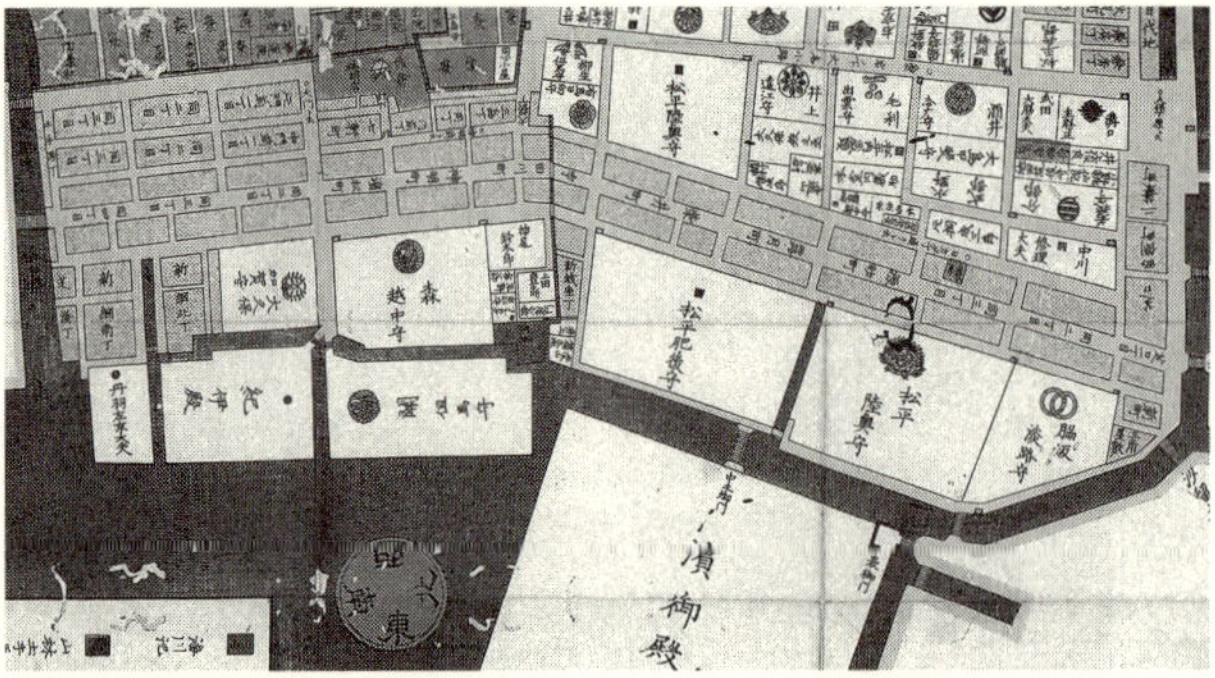

会津藩中屋敷（松平肥後守）切り絵図。右隣は仙台藩伊達家。

を探し、昔千日の念仏を行ったという小庵のあった院内《いんない》★に決まった。ところで正之の子どもは、男六人、女九人の計一五人いた。もちろん一人の女性が産んだわけではない。この時代はお世継ぎがいないとお家は断絶、大勢の家臣も失業してしまう。したがって藩主は多くの子どもを作ることは義務でもあり、正室の他に側室を何人も抱える必要があった。正室は原則として大名家から貰う。正之の正室は磐城《いわき》城主内藤家の娘菊姫、当時十五歳、正之は二十三歳であった。結婚の翌年、男の子幸松《こうまつ》が誕生したが、四年後に菊姫が、その翌年幸松も五歳で亡くなってしまった。その後正之は四人の側室を召し抱えたが、このうち九人の子を産んだ聖光院お万の方は、京都上賀茂神社の神官藤木織部の娘で四人の男子を産んだ。三番目の男子正経《まさつね》が二代目を継いだため、お万は正室に次ぐ位の継室に格上げされている。

正之の一五人の子★であるが、結構皆早死にで一三人が一歳から二十歳までの間に亡くなっている。生き残ったのは二代目を継いだ正経と三代目の正容《まさかた》だけである。正経も体が弱く、女の子一人が生まれたが正経は三十六歳で亡くなり、そのため腹違いの弟正容を生前に養子として三代目を継がせた。正容は正之にとって十四番目の子で、正之が五十九歳の時の子ども。最後十五番目の三姫《さんひめ》にいたっては正之の没後に生まれている。このあたりは祖父家康の血を引いたのかもしれない。

院内の御廟は以後、二代藩主保科正経以降の歴代藩主と側室、子ども達の墓所となった。藩主は正経を除き神道で葬られ、墓と共に事績を記した巨大な石碑が建立されている。

▼院内
会津若松市東山町。二代以降の藩主と側室、子ども達の墓所。藩主の事績を記した巨大な石碑が亀形（亀趺）の石の上に載る。

▼正之の子どもたち

正之
- 幸松（5）
- 正頼（18）
- お媛（18）　上杉綱勝室
- お中（7）
- 将監（1）
- お菊（3）
- 正経（36）　二代藩主
- お松（19）　前田綱紀室
- お石（20）　稲葉正通室
- お風（3）
- お亀（2）
- 正純（20）
- お金（2）
- 正容（63）　三代藩主
- お三（1）

これも会津

お家騒動・実の娘を毒殺

大名の夫人たちの一番の仕事は跡継ぎを産むことにある。であるから皆、競争であった。跡継ぎの子が誕生して、その子が殿様にでもなれば自分はもちろん一族の繁栄は間違いなかった。たとえ女の子であっても、その嫁ぎ先は気になるところで、少しでも禄高、家格の高い由緒ある家を望むのは当然である。その嫁ぎ先の確執を巡って、会津藩を揺るがす大事件が起きた。

九人の子を産んだお万の方であるが、その長女媛姫《はるひめ》は米沢三十万石、上杉景勝の孫にあたる綱勝に嫁いだ。大名の正妻は江戸に置かれたので、上杉家の江戸屋敷に嫁入りした。大名同士の結婚は将軍の命によって決定される。その三年後、今度は側室おしほの方との子松姫が、加賀前田家への嫁入りが決まった。これが大事件の引き金となった。前田家は百万石の大大名、一方の媛姫の嫁いだ上杉家も名門ではあるが、関ヶ原の戦いで百二十万石から三十万石と大きく減らされている。しかもお万は継室、おしほの方は格下の側室。京都出身のお万は気位も高く、自分の産んだ子が三十万石の夫人、おしほの子松姫が妹の分際で百万石の夫人ということで、これが絶対に許せないことであった。

婚礼は万治元年（一六五八）七月二十六日と決まった。その前日、お万の計らいで江戸の会津藩邸で、松姫の別れの宴が開かれることになった。上杉に嫁いだ媛姫も里帰りし、そしていよいよお膳が運ばれてきた。なんとそのお膳には毒が仕込まれていた。まず最初に毒入りのお膳が、主役である松姫の前に置かれようとしたその時、何となく胸騒ぎを覚えた松姫付きの老女野村は、お姉様、媛姫様より先に頂いてはなりませぬと、そのお膳を媛姫の前に置いてしまった。もちろん媛姫は毒のことなどいっさい知らない。お万もその場にいたが、今更そのお膳に毒が、とは言えない。ついに媛姫はそのお膳に箸をつけてしまった。

その夜、米沢藩邸に帰った媛姫は猛烈な腹痛に襲われ、翌々日の二十八日ついに亡くなってしまった。誤って実母に毒殺されてしまったのである。媛姫はまだ十八歳の若さであった。もちろんこの事件は正之の知るところとなり、関係者は罰せられた。しかし首謀者のお万は二代藩主候補正経の母ということで、罪は負わせられなかった。正之にとって媛姫事件の後遺症は大きく、のち正之が定めた家《か》訓《きん》の第四条に「婦人女子の言、一切聞くべからず」という項目を入れ、女性が政治向きに口を出すことを固く戒めた。

媛姫の墓（米沢市林泉寺）

会津藩の憲法「御家訓」

正之の晩年五十八歳の時に、十五条からなる家訓《かきん》が作成された。時代によって異なるが、一月十一日（御用始）、八月一日（八朔）、十二月十八日（御用納）の年三回、城中で家臣一同拝聴する慣わしとなっていた。その第一条は「大君の義、一心大切に忠勤を存すべく、列国の例を以て自ら処《お》るべからず。若し二心《ふたごころ》を懐《いだ》かば、即ち我が子孫に非ず。面々決して従うべからず」とある。この第一条こそ会津藩の立場、あり方を明確に示したもので、のち戊辰《ぼしん》戦争の悲劇の元となったものである。

ここで言う大君とは将軍、徳川家を指している。つまり徳川家に忠勤、忠義を尽くせと言っているのである。普通家訓というのは家の掟、教えであるから自分の家を守れ、殿様（会津藩主）に忠義を尽くせと言うのが常識である。ところが会津藩の家訓は自分の家はさておき、本家である徳川家に忠義を尽くせというものである。しかも「列国の例を以って自ら処るべからず」他の藩を見て判断をするな、もし徳川家に逆らう藩主が出たらそれは私の子孫ではない。家臣の面々は決してそれに従ってはならない、とまで記されている。それほどまでに徳川家を大切にした家訓である。

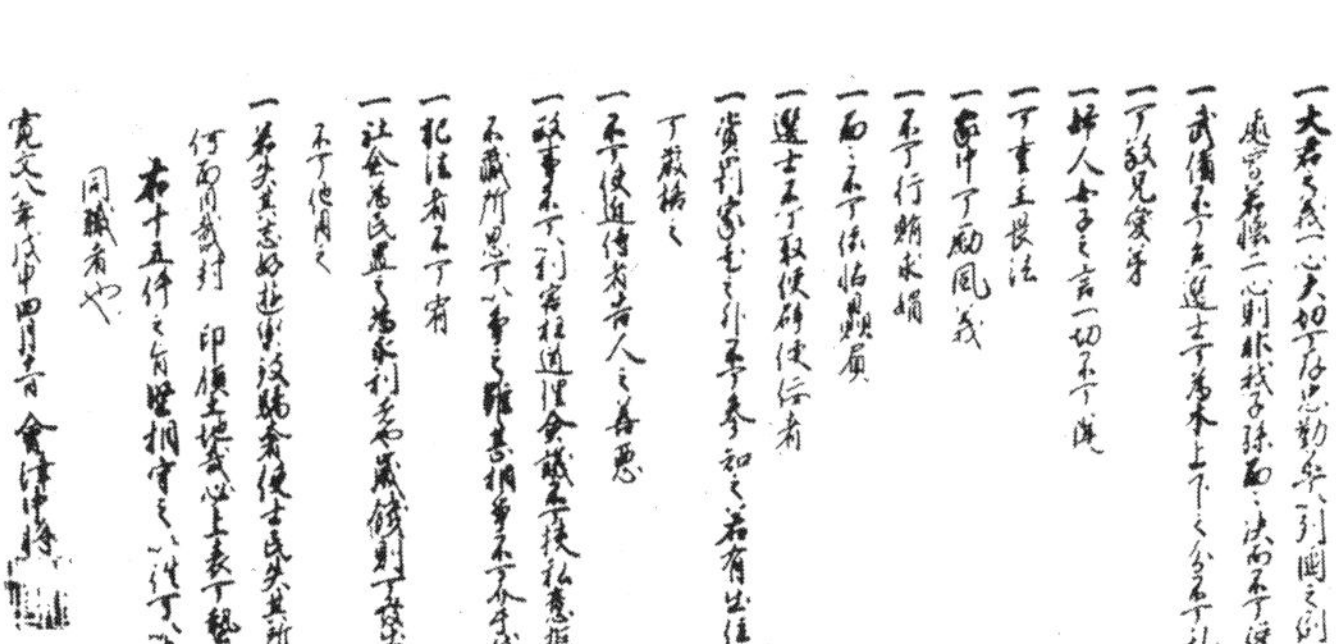

正之は腹違いとはいえ徳川直系であるし、四代将軍家綱の叔父として幕政に参画し、将来も会津藩が幕府を支えていかなければならない、という気持ちから作られたものであった。

この他「兄を敬い、弟を愛すべし」「主を重んじ、法をおそるべし」「えこひいきはするな」「賄賂《わいろ》を行い、媚《こび》を求めてはいけない」「法を犯す者は許すな」など現代に通じる項目も多い。そして最後には「若《も》しその志を失い、遊楽を好み、驕奢《きょうしゃ》を致し、士民をしてその所を失わしめば、則ち何の面目あって封印を戴き、土地を領せんや。必ず上表して蟄居《ちっきょ》すべし」と結ぶ。

正之と神道

正之は将軍後見役として、常に江戸に住まいしていたが寛文十年（一六七〇）六十歳の時、二十三年ぶり二度目の帰郷、三度目がその二年後、六十二歳の時であった。その前年正之は神道の最高の位である四重奥秘《しじゅうおうひ》を授けられた。同時に土《はに》津霊神《つれいじん》という霊号、仏教で言う戒名を貰っている。これは神道の師である吉川惟足《これたる》が授けたもので、土（ツチ即ちハニ）は物事の始めであり終わりであって、天地の根元、宇宙の根本原理である。正之はこの真理を体得したということで土、津は会津の領主であることから、土津《はにつ》と名づけられた。

一、大君《たいくん》の義、一心大切に忠勤を存すべく、列国の例を以て自ら処《お》るべからず。若《も》し二心を懐《いだ》かば、即ち我が子孫に非ず、面々決して従うべからず。
一、武備は怠るべからず。十を選ぶを本とすべし。上下の分、乱るべからず。
一、兄を敬い、弟を愛すべし。
一、婦人女子の言、一切聞くべからず。
一、主を重んじ、法を畏《おそ》るべし。
一、家中は風儀を励むべし。
一、賄を行い、媚《こび》を求むべからず。
一、面々、依怙贔屓《えこひいき》すべからず。
一、士を選ぶに便辟便佞《べんぺきべんねい》の者を取るべからず。
一、賞罰は家老の外、これに参加すべからず。若し出位の者あらば、これを厳格にすべし。
一、近侍の者をして、人の善悪を告げしむべからず。
一、政事は利害を以て道理を枉《ま》ぐべからず。僉議《せんぎ》は私意を挟みて人言を拒むべからず。思う所を蔵せず、以てこれを争うべし。甚だ相争うと雖《いえど》も我意を介すべからず。

正之は幼少の頃から学問を好み、禅や仏教を学んだが、四十歳の頃に中国・朱子の『小学』を読み、学問の要は儒学にありと悟った。以来、朱子学の研究に精進し、自ら『玉山講義附録《ぎょくざんこうぎ》』『二程治教録《にていちきょうろく》』『伊洛三子伝心録《いらくさんしでんしんろく》』などの書物も著している。

また最初、正之は仏教を学んでいたが、のち仏教を捨て神道に深く傾斜していった。会津領内の神社を調べ『会津神社志』を著したが、その過程で磐梯山麓の見祢山《みねやま》に磐椅《いわはし》神社という古い神社のあることを知った。『延喜式《えんぎしき》』にも記載される由緒ある神社であったが長く荒れ果てており、正之は死後、その境内に自分の墓を造り、磐椅神社の末社となって永遠に神に奉仕したいと考えた。

こうして六十二歳の時、五月三日江戸を発ち三度目の会津入りを果たし、八月二十一日墓の実地検分のため見祢山に登り、自身の墓と決定した。その後江戸に戻った正之は病の床に伏すことになる。

揉めた葬儀

寛文十二年（一六七二）十二月十八日、正之は六十二歳でその生涯を閉じた。正之は生前、神道による葬儀を遺言していた。しかしこの頃は幕府の宗教政策により、葬儀は仏式で行うよう通達が出されていた。藩では吉川惟足を派遣し、神道

一、法を犯す者は宥《ゆる》すべからず。

一、社倉は民のためにこれを置き、永く利せんとするものなり。歳饑《としう》うれば則ち発出してこれを済《すく》うべし。これを他用すべからず。

一、若しその志を失い、遊楽を好み、驕奢《きょうしゃ》を致し、士民をしてその所を失わしめば、則ち何の面目あって封印を戴き、土地を領せんや。必ず上表して蟄居《ちっきょ》すべし。

右十五件の旨堅くこれを相守り、以往もって同職に申し伝うべきものなり。

寛文八年戊申四月十一日　会津中将

家老中

正之の編纂書「三部書」

葬の意義を言を尽くして懇願した。最初、老中の稲葉《いなば》正則《まさのり》（小田原藩主）は聞く耳を持たなかったが、正之が神道の最高位まで極めたことを聞き、ようやく見て見ぬ振りをすることで落着した。

正之の遺骸は会津に送られ、磐梯山麓猪苗代見祢山にて盛大な葬儀が行われた。土津神社が建立され、それは東北の日光とも称されるほど荘厳なものであった。同時に正之の事績を記した高さ日本一といわれる土津霊神碑も建てられた。高さは五・五メートルその四面の面積は畳二二枚分、三寸四方の文字が漢文で一九四三字刻まれている。この石はここから一五キロメートル離れた河東の八田野《はったの》山中から切り出されたもので、重さ四〇トン、人足三千人を動員して寒中に運ばれた。下には亀形の石が敷かれている。亀と異なり耳があり、爪がある。これは亀趺《きふ》と言うもので、中国の想像上の動物という。以後、歴代の藩主は二代目を除き神道葬となり、藩士もこれに倣《なら》い神道に改宗した侍も多い。

正之の跡は二代目は正経、三代目も正之の子正容が継いだ。正容の時代に葵紋と松平姓を与えられ晴れて、名実ともに徳川一門として会津松平家が誕生し、保科正之以来松平容保まで九代二二五年にわたり会津領主として君臨していくのである。

これに伴い、諱《いみな》も保科時代の「正」の字から、松平時代は「容」の字を用いることになった。

土津神社

保科・松平家紋と歴代藩主の神霊号

藩主と神霊号　＊仏葬

保科正之《まさゆき》　土津（はにつ）霊神
＊保科正経《まさつね》　鳳翔院殿
松平正容《まさかた》　徳翁（とこおみ）霊神
松平容貞《かたさだ》　土常（つちとわ）霊神
松平容頌《かたのぶ》　恭定（いゆしつ）霊神
松平容住《かたおき》　貞昭（すみてる）霊神
松平容衆《かたひろ》　欽文（あきさと）霊神
松平容敬《かたたか》　忠恭（まさお）霊神
松平容保《かたもり》　忠誠（まさね）霊神

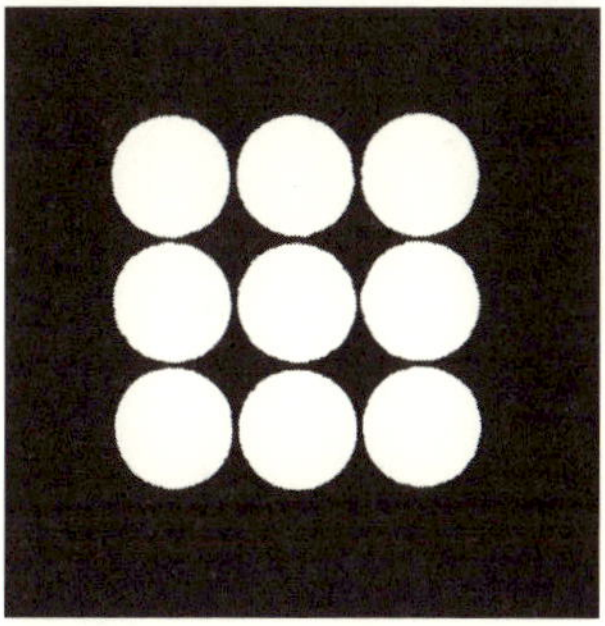

角九曜紋
保科時代の家紋は角九曜。

＊正之の時代にも葵紋と松平姓を与えるという話があった。正之は保科家への恩、家臣らの心情を思いやり、この時は辞退した。

会津葵紋
会津葵紋の芯の数は十九で横に張る。

院内御廟石碑の亀趺

保科・松平藩主系譜

はじめ保科

保科正之──正経──松平正容──容貞──容頌──容住──容衆──容敬──容保

これも会津

お国自慢 これぞ会津の酒①

会津自慢の酒をちょっとだけ紹介

良い水、良い米、良い技術、うまい酒の条件は数あれど、良い飲兵衛は欠かせない。会津の酒がうまいのは、いまも酒を愛する心が息づいているからである。

花春

花春酒造（株）
TEL0242-26-3000

名倉山

名倉山酒造（株）
TEL0242-22-0844

寫樂

宮泉銘醸
TEL0242-27-0031

天香

（合名）柏木酒造店
TEL0242-22-0452

會州一

山口（合名）
TEL0242-25-0054

京の華

（合）辰泉酒造
TEL0242-22-0504

榮四郎

榮川酒造（株）
TEL0242-22-7530

会津中将

鶴乃江酒造（株）
TEL0242-27-0139

玄宰

末廣酒造（株）
TEL0242-27-0002

会津藩

田苑酒造（株）
TEL0242-26-0453

薫鷹

石橋酒造場
TEL0242-27-0313

春高楼

河野（合名）
TEL0242-27-0494

会津娘

高橋庄作酒造店
TEL0242-27-0108

宮泉鬼ごろし

宮泉銘醸（株）
TEL0242-27-0031

磐梯山

磐梯酒造（株）
TEL0242-73-2002

稲川

（合）稲川酒造店
TEL0242-62-2001

榮川

（合）栄川酒造店
TEL0242-62-3211

第三章　城下町の成立と生活

奥羽一の天守の下、城下町若松に独自の文化・風習があった。

1 鶴ヶ城を築く

会津若松城下の整備が着手された戦国時代、町づくりは敵の侵略を防ぐためにさまざまな工夫が成された。七層の天守閣を中心に侍屋敷や町屋、寺社が計画的に配置された。また、地形を生かした城下町づくりは、極めて高度な土木技術をもって成された。

黒川城から鶴ヶ城へ

現在の会津若松市の基盤を築いたのは、天正十八年(一五九〇)秀吉により会津領主に任命された蒲生氏郷《がもううじさと》である。氏郷が来た頃、この地は黒川といわれ城下も小さく侍屋敷や寺社、町屋が混在していた。そこで氏郷は早速、城を築き新たな城下町建設を開始した。入部当時の地名、黒川とは、城東の東山から流れてくる湯川がその名付けの元となった。その頃、羽黒神社が東山にあったことから羽黒川また黒川ともいわれており、この川の流れて来る里ということで名づけられていた。そしてもう一つの川が町の東はずれで羽黒川から分流し、城下の北から西へ町を取り巻くように流れ、町の西端で再び合流しておりこれを車川といった。この車川を利用して外堀としたという。こうして出来上がった城の名を鶴ヶ城、城下を若松と氏郷は新たに名づけたのであった。★

▼お城の名称
一般にお城の名称は所在地の地名を冠して名づけられる。したがって全国的なお城の紹介の本には会津若松城と記される。鶴ヶ城というのは愛称であるが、会津若松市では一般にこの鶴ヶ城が使われている。ただし正式名称は若松城で、これは昭和九年に「若松城址」として国史跡に登録されたからである。この当時の市名は若松市で、昭和三十年に合併により会津若松市となったため、今は全国的には会津若松城とされる。また江戸時代の資料には前記三種のほか会津城と記すものもある。

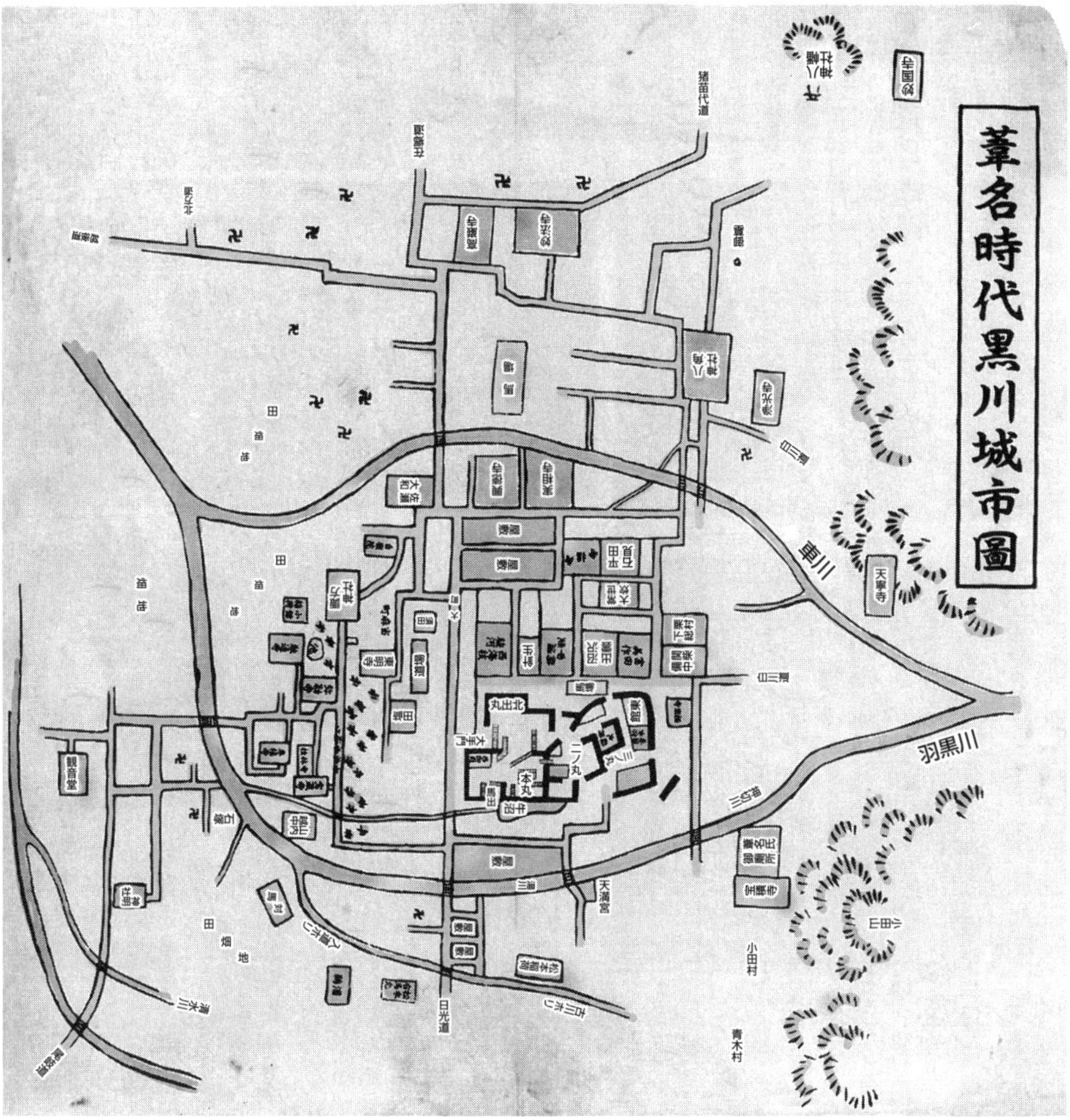

伝・葦名時代黒川城市図
東山から流れてくる羽黒川は野郎ヶ前（図右）で車川と分かれる。
城下の西で再び合流。蒲生氏郷はこの車川を外堀に利用したといわれる。

城下町の誕生

氏郷の都市計画のコンセプトは、
一、郭内★の大通りは十字街とすること
二、郭の四方は堀を深くして、要所要所に木戸を設けて警固すること
三、諸商人職人の屋敷は侍屋敷と画然と区別して割り出すこと
四、城下町のはずれに旅籠《はたご》と遊女屋をおくこと
五、交易の円滑を図るために大町、馬場町、本郷町、三日町、桂林寺町《けいりんじまち》に市を開くこと、であった。

町づくりはまず中心となるお城を築き、内堀で囲む。その外周には武家屋敷を配置し、車川を利用した外堀と土手で取り囲み、その外側には商工の町屋を置いた。さらに一番外側にはお寺を配置し、それは町の東から北、西へと多く置いた。これは城下の防御を図るもので、寺は面積も広く墓石を盾とすることができ、兵の配置も易いことからである。

この当時はまだ戦国の世、町づくりの狙いは第一に殿様の命を守ることにある。将棋と同じで殿様、玉が討たれたらその勝負はお終いである。そのため何重にも渡り防御を固めた。氏郷、秀吉の仮想敵国は北にあり、会津若松の城下は北に厚

▼郭内
外堀から内側の武家屋敷街。

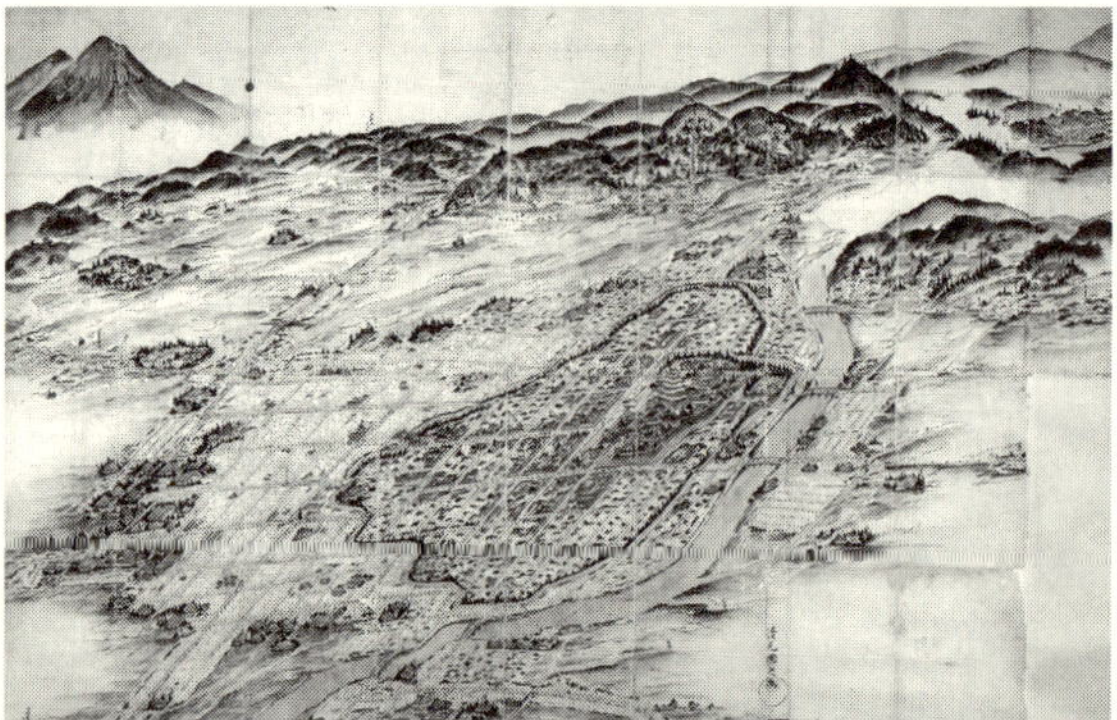

若松城下絵図

い構造に計画された。氏郷は前任地である伊勢松坂においても城と城下町づくりを経験しており、それが大いに活かされた。

城下全体の規模は東西約三キロメートル、南北約二・五キロメートルで、その南にお城が位置していた。

氏郷の黒い七層の城

氏郷は黒川に着任しても九戸の乱や朝鮮の役における九州名護屋への出陣で、城下の経営に着手できたのは文禄元年（一五九二）六月になってからであった。それでも早くも翌年六月には七層の天守閣★が完成した。

若松城は東西一三キロメートル、南北三五キロメートルの会津盆地の東南部に位置する。若松城下は羽黒川（湯川）と阿賀川（大川）がおりなす複合扇状地の上にあるが、当時城の辺りは今と異なりかなり高低差があったと見られる。本丸は小高い丘の上に建てられたため、平山《ひらやま》城に分類される。戦国時代は全国に多くの城が築かれたが、氏郷が若松城のモデルとしたのは秀吉の大坂城であった。奥羽における秀吉の代理執行者として睨《にら》みをきかせ、またそれにふさわしい城が必要であった。そこで氏郷は七層の天守を中心とする大きな城を築いた。天守閣は黒漆の下見板張り、黒瓦の要所要所には金箔の光り輝く瓦が用いられた。真っ黒

▼七層の天守閣
『会津鑑』（高嶺慶忠著、一七八九年）によると加藤嘉明が会津入りした際、背炙山から城を眺め「七層では格好が悪い、二層減らすよう」と命じたとされる。また元和二年（一六一六）幕府に提出した「領国絵図」にも七層天守閣が描かれている。ただし石垣内に二層、建物は五層の計七層とする意見もある。

にそそり立つ巨大天守は人々に恐れを抱かせるのに十分であった。天守閣の石垣は自然石のままの石積み、野面《のづら》積みである。これは近江国穴太《あのう》の石積みの技術者集団穴太衆《あのうしゅう》★を氏郷が招き築かせた。

加藤氏の白い天守

氏郷の築いた黒の七層天守は、慶長十六年（一六一一）の会津大地震で傾いてしまった。それが修築されたのは三十年後の加藤明成の時代になってからであった。この時、家康の江戸城に倣った五層の白漆喰の天守閣★に生まれ変わった。天下も秀吉から家康へと移っており、秀吉時代の黒い城から、家康は天下人の交代を見せつけるかのように白い城を築き、大名達も競って白い城を築いた。この明成の若松城もそうであった。そして城はさらに拡張、防備が強化された。北出丸や西出丸を拡張、二の丸には隠し郭の伏兵郭（梨園）が設けられた。さらに本丸東の石垣は二〇メートル余の高石垣にされ、俗に扇の勾配といわれ、若松城の見所となっている。

七層から五層になっても、東日本では江戸城を除くと一番の高さであった。この若松城では三種類の石積みを見ることができる。時代順に氏郷の築いた野面《のづら》積み、加藤時代の打ち込みハギ、切り込みハギである。打ち込みハギは石の表面を

▼穴太衆
滋賀県大津市坂本穴太町を本拠とし、織田信長の安土城の石積みで有名になった。前田家に勤めていた穴太源太左衛門の子、泉が氏郷に招かれ鶴ヶ城の普請を行った。

▼五層の天守閣
若松城（鶴ヶ城）天守閣の石垣の高さは約一一メートル、天守部分は約二五メートル、計三六メートルで現在では東日本で一番の高さである。

▼鉄門
本丸の正門。扉が鉄板で囲まれていることから名づけられる。

平らにし、石と石の隙間に小石をはめ込むもの。切り込みハギは精密な石組みで隙間がほとんどないように刻まれる。野面積みは天守閣とそこから東に低く伸びる石垣、切り込みハギは正門である鉄門《くろがねもん》★の両側に見られる。その他多くは打ち込みハギである。この加藤氏の改築により城の大手門は、東の天寧寺《てんねいじ》町口～廊下橋《ろうかばし》が、北からの滝沢峠～甲賀町口～北出丸へと改められた。

野面積み

打ち込みハギ

切り込みハギ

加藤氏改築の白い天守閣

②

城下町の暮らし

街道の起点大町札の辻を中心とする城下町は活気に溢れていた。各町に市が立ち、やがてそれは常設の店に発展した。更に、街道の整備が進み、壮大な参勤交代の行列が江戸と会津を往復した。

侍の住む町、郭内

内堀と外堀★に囲まれた武家屋敷街を郭内《かくない》という。東西約二キロメートル、南北約一・八キロメートルとやや楕円形となっている。郭内の道は兵を動かしやすいよう広く十字街で構成された。東西の道を丁《ちょう》といい、お城の前の本《ほん》一之丁から北に六之丁まで、東は内小田垣《うちおだがき》に二本、西は米代《よねだい》に四本あり、メーンストリート本一之丁や日野町通り（のちの甲賀《こうか》町通り）の道幅は約二二メートルと現在よりも広かった。南北の道は通りといい、それぞれの名称は行き先の町名や寺社の名がつけられた。氏郷の町割りにより多くの寺社が郭外に移されたが、由緒ある諏方《すわ》神社と興徳寺は郭内に残された。

郭内には四百数十軒の上級武士の家を置いた。一般の侍屋敷でもその面積は四五〇〜九〇〇坪、家老クラスは三〇〇〇坪以上もあった。郭内と郭外の間は深い

▼外堀と土手
外堀は明治の初めにすべて埋められた。現在は土手（土塁）の一部が残るだけとなっている。

堀とその内側の土手、そして一六カ所の郭門《かくもん》で仕切られ、各門には門番が置かれ厳重に守られていた。外堀は場所によっても異なるが幅一五〜一七メートル、深さは二・四〜三メートルもあった。土手は北側の甲賀町口、馬場町口付近が一番高く七・二メートル、東部が約五メートル、西部は約三・五メートルあった。

職人・商人の町、郭外

氏郷時代の城下、郭外には商工の者を中心に、周囲には下級士卒の屋敷が配置された。また職人たちはその居住区域に同業者が集まるよう定めた。この時代とくに手工業者は刀鍛冶、鍔《つば》の正阿弥《しょうあみ》、弓師、大工、甲冑師、塗り師、鷹匠、餌指《えさし》など領主に直接抱えられた御用職人がほとんどであった。こうした地

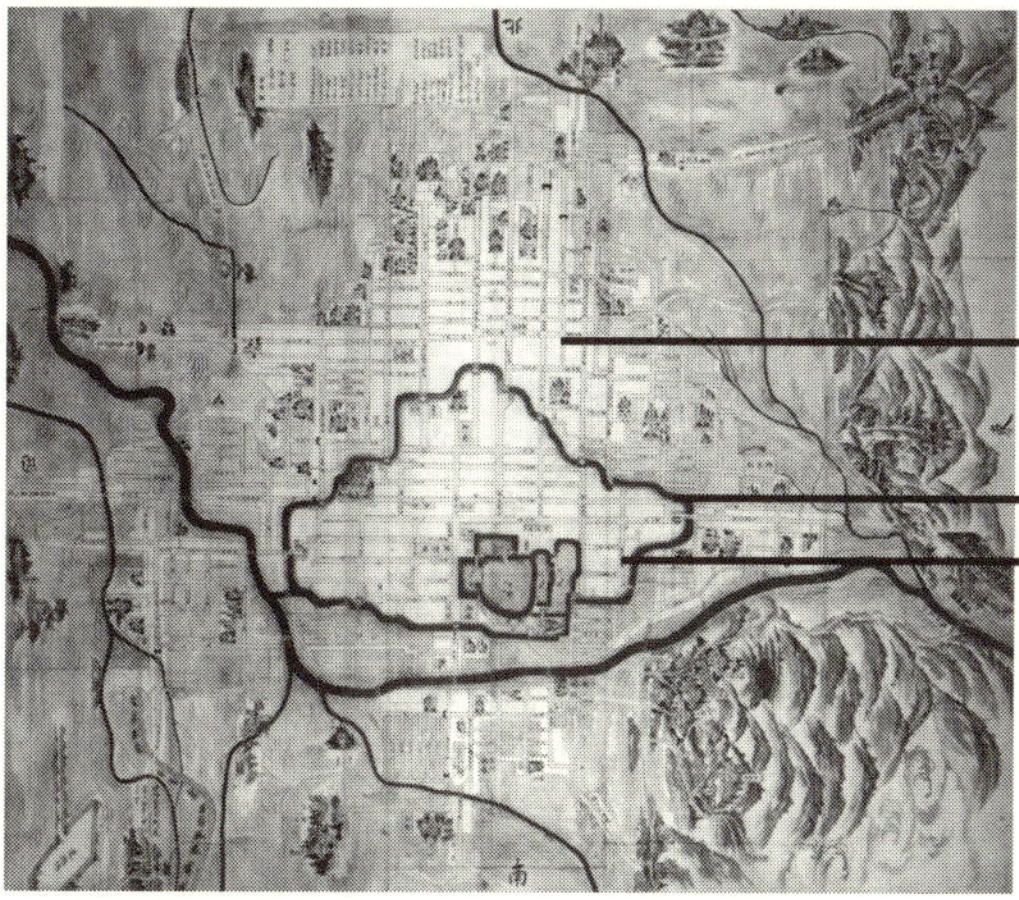

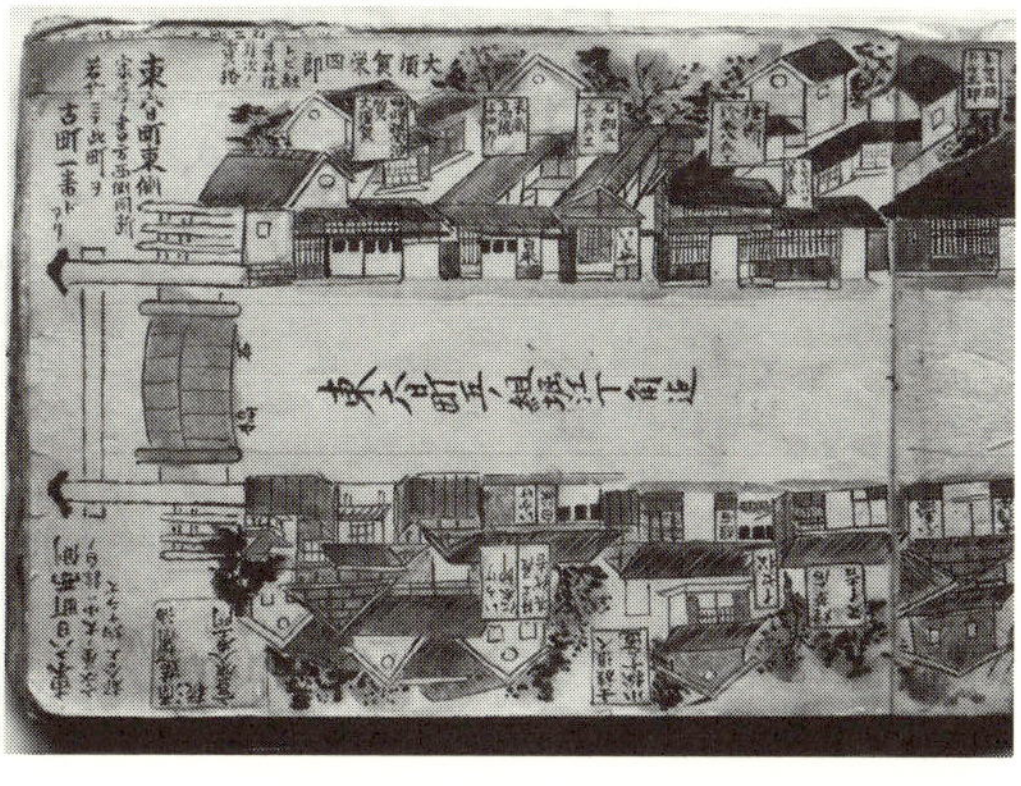
郭外の町並み

域は町とはいわず、丁《ちょう》の名がつけられた。例えば大工丁、弓丁などで、これ以外は町《まち》といった。しかし時代を経るにしたがい、職人らは召し放され住居も混在する中、町と丁の区別はあいまいになっていった。またこの時期は商人もまだ常設の店は少なく、物を持参する市の形態での商売が中心であった。

当時の若松には六カ所に市がたっていた。馬場町は一、八の日、本郷町は二、七の日、三日町は三の日、桂林寺町《けいりんじまち》は四、九の日、大町は五、十の日、六日町は六の日というように、町中が回り市になっており毎日どこかで市が開かれていた。これを六斎市《ろくさいいち》★、三斎市という。この城下を中心とした商工業を発展させるための統制をまかされていたのが商人司の簗田《やなだ》氏であった。簗田氏は氏郷が若松に来る以前、足利将軍家よりすでに商人司たることを認められており、葦名時代に鎌倉より下向したという。簗田氏の住居は町方の中心大町札《ふだ》の辻角にあった。札とは藩の高札《こうさつ》が置かれた場所で、各街道の起点でもあった。ここでは葦名時代から続く伝統行事、初市の十日市が現在でも毎年開催されている。

会津の初市、十日市

十日市は一月十日大町の初市で、現在も続いている会津若松の年頭の風物詩である。

▼六斎市
月に六回開かれる市。三回は三斎市という。

今は行われなくなったが、十日市は米引きの行事で幕を開ける。夜明けと共に大町札の辻東北角の検断★倉田家の屋根上に、半斗（五升）入りの両側に縄のついた米俵を背負った簗田氏が登場する。頭巾に大黒面をかぶり、手には古団扇をもち、ひとしきりの儀式のあと褌《ふんどし》一丁に草鞋《わらじ》ばきの男たちの上にこの米俵を投げ落とす。すると上町と下町に分かれた男たちによる米引き合戦が始まる。貞享《じょうきょう》年間（一六八四〜八七）の風俗帳によると、上町が勝つと米の値段が安くなり、下町が勝つと値段が高くなると記されている。勝ったほうではこの米俵を持ち込み酒盛りとなる。この米は十数粒ほどを紙に捻《ひね》り、その一捻りを一俵と唱え、人々は一家に必ず四、五俵を買い求めた。これを米びつに入れておくと米に不自由しないといわれていた。

それが終わると起き上がり小法師や風車、竹笛、麻、塩などの店が開かれ、一日中大賑わいとなった。風車は「マメで達者にクルクル働けるように」「物事すべて円滑に回り、金回りもよし」、麻は「共に白髪のはえるまで」、塩は「火伏せ」のまじない。起き上がり小法師は「物事みな活気を呈し、財産はますます増え家運隆盛、病人も起き上がる」などといった家族の一年の無事を願ったもので、必ず家族の数より一つ余計に買い求めるものであった。

▼**検断**
町検断ともいい、城下には一五人任命され、世襲制であった。民間の町役人で藩からのお達しを伝えたり、人口調査、火災予防、物価の監視なども行った。

風車、初音（竹笛）、起き上がり小法師

これも会津

米引き（十日市は梯子を持って）

徒町《かちのまち》に住む比較的身分の低い侍、通称弥《や》太之進《たのしん》たちの日常を詠んだ『徒町百首俗解』の中に米引きに関する歌がある。

弥太之進　梯子かたげて急ぐなり
米引きの場は　未だ夜深きに

米引きは娯楽の少ないこの時代、大きな楽しみの一つであった。年若い弥太たちは、宵の口から各町内ごとの集合場所に集まり、夜半過ぎ頃出発する。真冬のことゆえ顔を手拭いで隠し、山岡頭巾をかぶり、布合羽の下に猿袴《さっぱかま》、股引などをはき、梯子を肩に雪を踏み分け札の辻へ向かった。何やら勇ましい格好であるが、札の辻に着くと早速用意した梯子が役に立つ。彼らはこの梯子で札の辻の家々の屋根に登るのである。

これは米引き見物の一番良い場所を得るためで、我先にと真夜中から場所取り合戦となる。低身分とはいえ一応は侍であるから、町人の行事である米引きに参加することはできない。ただ見物のためだけに、真冬の一夜を吹きっさらしの屋根の上で過ごすのである。雪や風の吹きすさぶ中、暖房もない所で寒さを忘れるには大声を出すに限る。向かいの屋根に陣取る別の町の弥太たちに向かい、大声で「大馬鹿野郎！」などと罵り合戦が始まる。

これが明け方まで続くのであるから、屋根の主や近所の住人は一晩中眠ることができなかったであろう。

このあとたくさんの市店がたち、縁起物などを買い求める人々で大賑わいとなる。

十日市米引きの図

大町札の辻と火の見

大町の四辻、札の辻は藩のお触れを記した木の板を掛けていた所である。周りは石垣が築かれ、屋根がつき一段高くなっていた。この南側には火の見櫓も建っていた。高さは七間（約一二・六メートル）五層構造で昼夜番人が詰めていた。この時代は火事が非常に多く、大火も何度となく起きている。そのため火の見櫓も何カ所かに設置された。本格的な櫓はこの大町と、郭内の藩の作事場のある割《わり》場《ば》に設けられた。割場の火の見ははじめ四本の高柱を建て、四方に板をあて、その中を梯子で昇降できるようになっていた。その後、木造では火災に遭う恐れがあるというので、土を高く盛りその上に二層の櫓を建てた。ところが下が土になった途端、半鐘の響きが悪くなってしまい、遠くまで及ばなくなってしまった。そこで侍の町・郭内と町人の町・郭外を隔てる外堀の一三カ所の郭門にも半鐘を設けた。

　城下に火災が発生した時には割場の火の見で半鐘を打ち鳴らした。その打ち方も火災の方角により東は一回、西は二回、南三回、北は四回鳴らし、またお城から三丁（約三三〇メートル）以内の時は、半鐘と板木を打ち交ぜ、その遠近により打つ速さも変えていた。

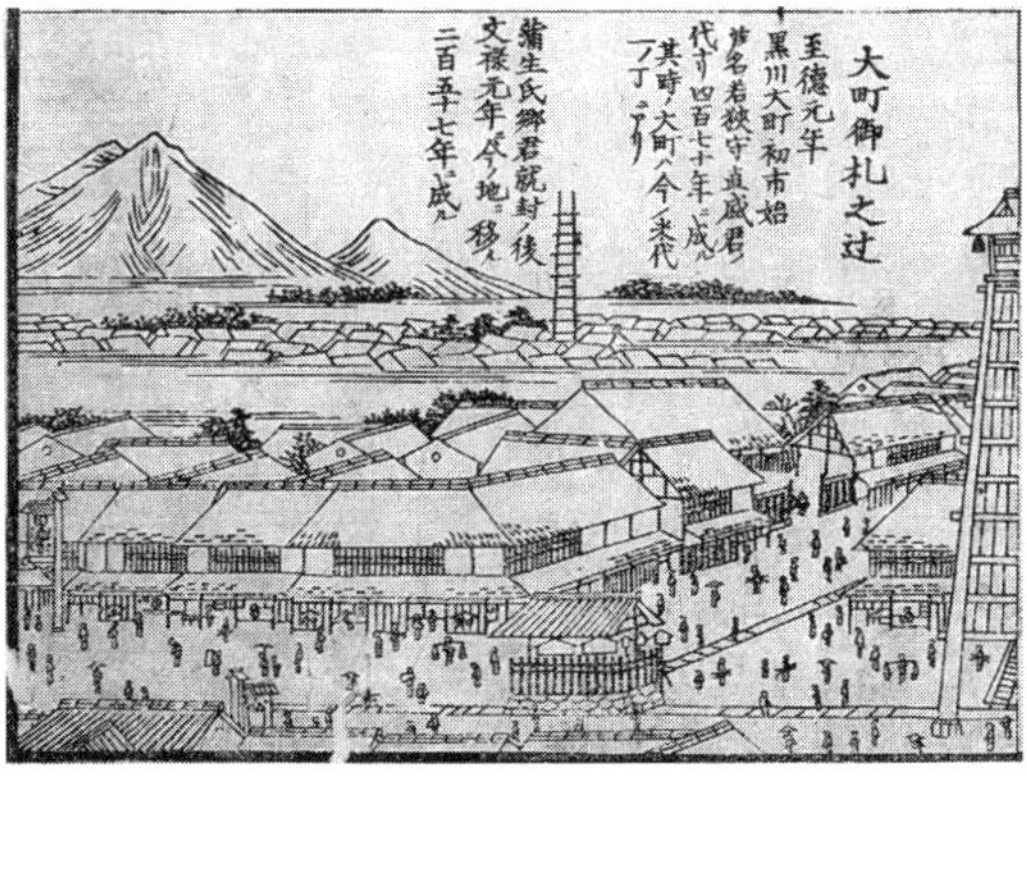

大町札の辻の図
下中央が高札場、右は大町火の見、後方の山は磐梯山。

火災時には家老、及び次席の番頭《ばんがしら》は上級武士の甲士《こうし》を引き連れ、物頭《ものがしら》は足軽を率いて消火にあたった。一方町方では火消し人足を雇っていたが、人数は多いものの老若入り混じり、あまり効果的とはいえなかった。そこで延享二年（一七四五）東の甲賀町と西の桂林寺町の町奉行所に、二〇人ずつの少数精鋭の定火消《じょうびけ》しを置くことになった。彼らの給料は町の負担となり、一軒当たり一八文（約五百円）、借家は七文を徴収した。町方の火消しの最高責任者は町奉行で、この火消し人足を率いて消火活動にあたったが、町人の町の火災には侍の消火隊はいっさい手を出さなかった。

道の食い違いの謎

会津若松城下の標高は約二一〇～二三〇メートル、全体に西南西に緩く下がっているが、南北の勾配に比べ、東西のそれはやや急になっている。町に人が住むためには水が必要である。会津若松城下はこの点では恵まれており、地下水や川の水が豊富であった。江戸時代の城下絵図を見ると、町人の住む町、郭外の道の中央には縦横に水路が走っているのがわかる。郭外の道幅は四～五間、小さな通りは二～三間であった。この中央に幅七〇～九〇センチメートルほどの水路、生活用水が通っていた。ただしなぜ道の中央に置かれたのかははっきりしない。水

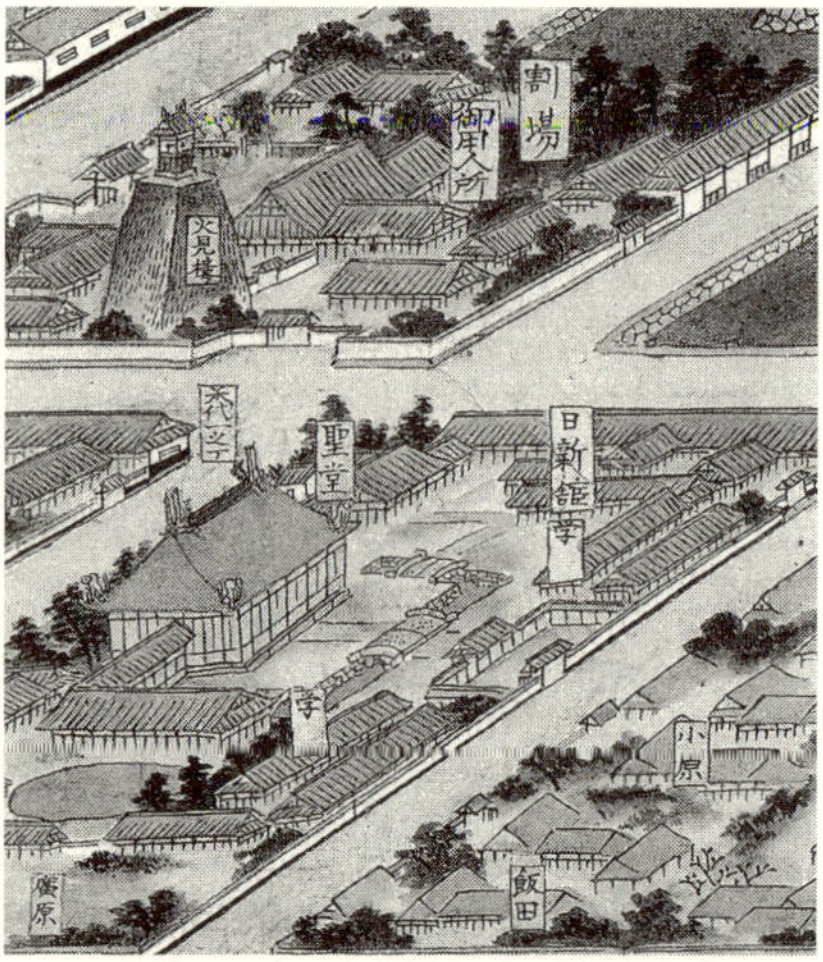

割場の火の見（右）
郭内にも走る水路と石橋（上）

路には要所要所に石橋が架けられていた。

城下町の特徴の一つに道の食い違いがある。これは敵が侵入してきた時、その見通しを妨げたり、真っ直ぐに攻め込まれないようにするものと説明されてきた。ところが会津若松城下を見た場合、それは素直にうなずけないものがある。なぜならその道の食い違いのある場所が、特定の地域に限られるからである。それは大町通りの一～四之町、その東隣の馬場町通りの一～五之町などにあるが、いずれも東西の通りに限られる。敵に備えるならメーンストリートの甲賀町通りや、その東の博労町《ばくろうまち》通りにあってもしかるべきである。会津の仮想敵国は北にあるから、敵の道順からいっても、南北の道に食い違いを設けないと意味がない。ではなぜ東西の道に食い違いを造ったのか。

城下図
●＝道の食い違い

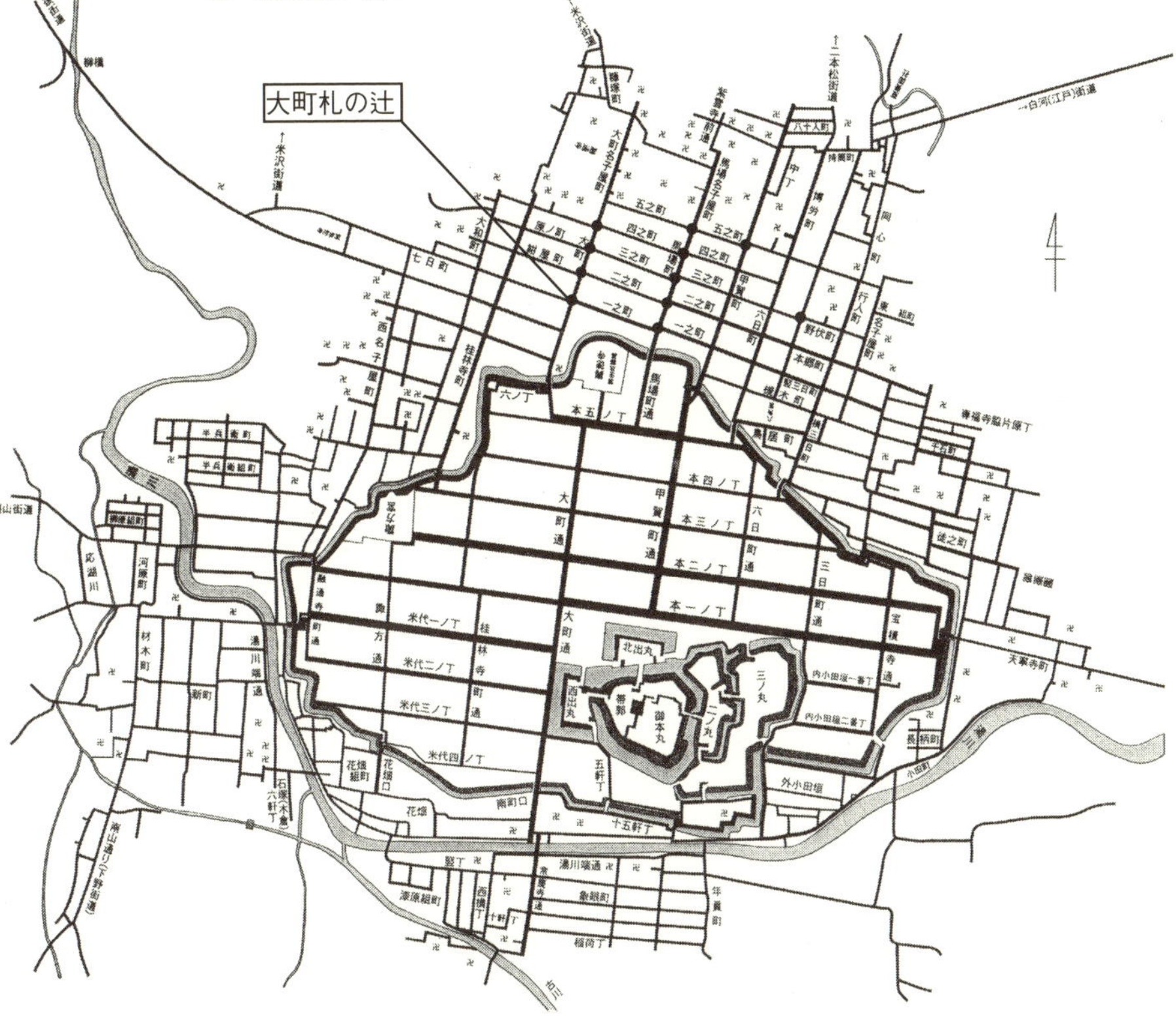

会津若松城下は先に記したように、東西に比べ、南北の勾配が緩い。東からそのまま水を流すと、勢いよく水は真っ直ぐに西に流れていってしまう。それでも上のほうにある町、博労町や甲賀町辺りまでは、東西の勾配はそれほどでもなく、水路が直角に交わっていても、水は南北に行き渡る。ところが馬場町辺りから勾配が急になるため、そのままでは水が南北に行き渡りにくくなる。用水はあまり勾配が急であると、一定量の水が溜まらず使いにくくなる。そこで道の食い違いを造り、東からの水を壁にぶつけることで、水の勢いを止め、更に南北にも水が行き渡るようにした、実に高度な土木技術をもって町がつくられたのである。

会津五街道

慶安二年(一六四九)初代藩主保科正之の時代、会津藩領と南山御蔵入領の道を調査し、この時五本の本道・基本道路、二五の小道を幕府に報告した。この五本の本道が、いわゆる会津五街道である。会津若松城下大町札の辻を起点とし、白河を経て江戸に向かう白河街道、猪苗代を経由して二本松へ向かう二本松街道、喜多方経由で米沢に向かう米沢街道、新潟の新発田に向かう越後街道、そして南山御蔵入領の大内、田島を経由して下野国《しもつけのくに》今市に向かう下野街道である。

寛文七年(一六六七)には幕府の命により、主要街道に一里塚が築かれた。その

街道の一里壇

名のように一里、約四キロメートルごとに塚が道の両側に築かれ、その上に木が植えられた。会津では塚ではなく壇、一里壇《いちりだん》とも称し、榎が植えられた。現在でも白河街道の湊町穴切、高坂、三代《みよ》、米沢街道の別府など何カ所かに残っている。

参勤交代、六百人の大行列

参勤交代の制度自体は、外様大名が家光時代の寛永十二年(一六三五)、ついで譜代大名は同十九年(一六四二)に始まった。これは将軍への忠誠を誓い、大名自ら軍を率い将軍を守るという意味合いがあった。また参勤交代は莫大な経費を要するため、大名の財力を疲弊させる目的もあった。その一方で江戸や上方の文化や物が地方に届き、宿場が栄え、交通網が整備、流通が促進されるという面もあった。

会津藩主の参勤交代経路は初期、二代保科正経までは下野街道を行った。これは他藩領の通行が少なく、行き帰りに家康の眠る日光東照宮を参拝できることもあった。その後、三代松平正容《まさかた》からは白河街道経由が主となった。白河経由では江戸まで六五里、約二六〇キロメートル。これを五泊六日、五代藩主以降は六泊七日で歩いた。一日にすると約十里であるから、かなりの速さであった。人数は時代によっても異なるが六百人前後であった。参勤交代は一種の示威《じい》行進であるから、各藩とも見栄を張った。槍の種類や人数、鞘飾りや馬印などに特徴を出し、

殿様の籠（会津藩参勤交代行列図より）

絵巻で見る 荘厳なる会津藩の参勤交代

お金もかけた。会津藩の特徴は黒い羽飾りで、直径五〇センチメートル、高さ二メートルの大鳥毛《おおとりげ》であった。

幕府では参勤交代の人数を享保六年（一七二一）に定めた。これは各藩とも莫大な経費がかかるにもかかわらず、見栄を張り武威を誇るのはこの時とばかり、人数がどんどん増えていったからである。この結果二十万石以上は馬に乗る上級武士一五～二〇騎とし、鉄砲や弓、槍などの足軽が一二〇～一三〇人、荷物担ぎの中間《ちゅうげん》人足二五〇～三〇〇人、ほかにお供の侍や医師、鷹匠、馬医などと定められた。馬に乗る上級武士には馬の口取り、沓《くつ》持ち、槍持ち、荷物持ち、供侍などこれだけで十人近くの人数を要する。この参勤交代の

左上が大鳥毛

参勤交代行列絵図

経費であるが、残念ながら記した記録はない。しかし他藩の例からみると軽く一億円は超えたものと思われる。ただし幕末頃には各藩とも超緊縮財政で、人数もかなり抑えるよう通達も出された。

郭内と郭外を隔てる一六郭門

侍の住む町郭内に入るには、外堀を越え一六カ所設置された門から入る。もちろん無用の者は入れない。一六の門は東から北へ天寧寺町口、徒町《かちのまち》口、三日町口、六日町口、甲賀《こうか》町口、馬場町口、大町口、桂林寺《けいりんじ》町口、融通寺《ゆづうじ》町口、河原町口、花畑口、南町口、外讃岐《そとさぬき》口、熊野口、小田垣口、宝積寺《ほうしゃくじ》口の順である。しかし今では外堀は埋められ、どこが郭門跡かわからなくなってしまった。唯一、甲賀町口郭門の西側の高石垣だけがその名残をとどめている。

甲賀町口は城に入る公式の道であるため、高石垣が造られたが、石垣のある門はほかに熊野口、外讃岐口の計三カ所だけであった。甲賀町口の石垣は高さ五・二メートル、東西一三メートル、南北一九メートルある。また一六門すべてが通行できたわけではなく、時代によっても異なるが外讃岐口、徒町口、宝積寺口などは通常閉鎖されていた。宝積寺口はとくに「あかずの門」といわれ、城中で亡くなった屍を送る門であった。

甲賀町口郭門

広くて狭い武家屋敷

郭内には上級武士、士中《しちゅう》の屋敷が置かれたが時代によって若干異なるが四五〇軒ほどの家があった。上級武士は知行取りといって百石以上の侍で、一部の百～百五十石クラスの侍は郭外の小田垣、花畑新丁に屋敷を与えられた。その敷地面積であるが家老クラスは三〇〇〇坪超、一般の侍でも間口一五間から三〇間に奥行き三〇間で、四五〇から九〇〇坪と、今では考えられないほど広大な敷地であった。もちろん殿様からの借地であるが、借地料などは払っていない。家老や番頭《ばんがしら》クラスの高給取りは本一之丁、甲賀町通り、大町通りに家を構えていた。

さて広大な土地に対し、屋敷は意外に小さかった。藩では石高によって屋敷の大きさを指定したのである。寛文九年（一六六九）の指示によると四百～五百石取りでは四五坪、三百～三百五十石取りは三九坪、二百～二百五十石取りは三三坪、百～百五十石取りは三〇坪と決められていた。屋根もこば板葺きで、瓦は大身の者にしか許されなかった。

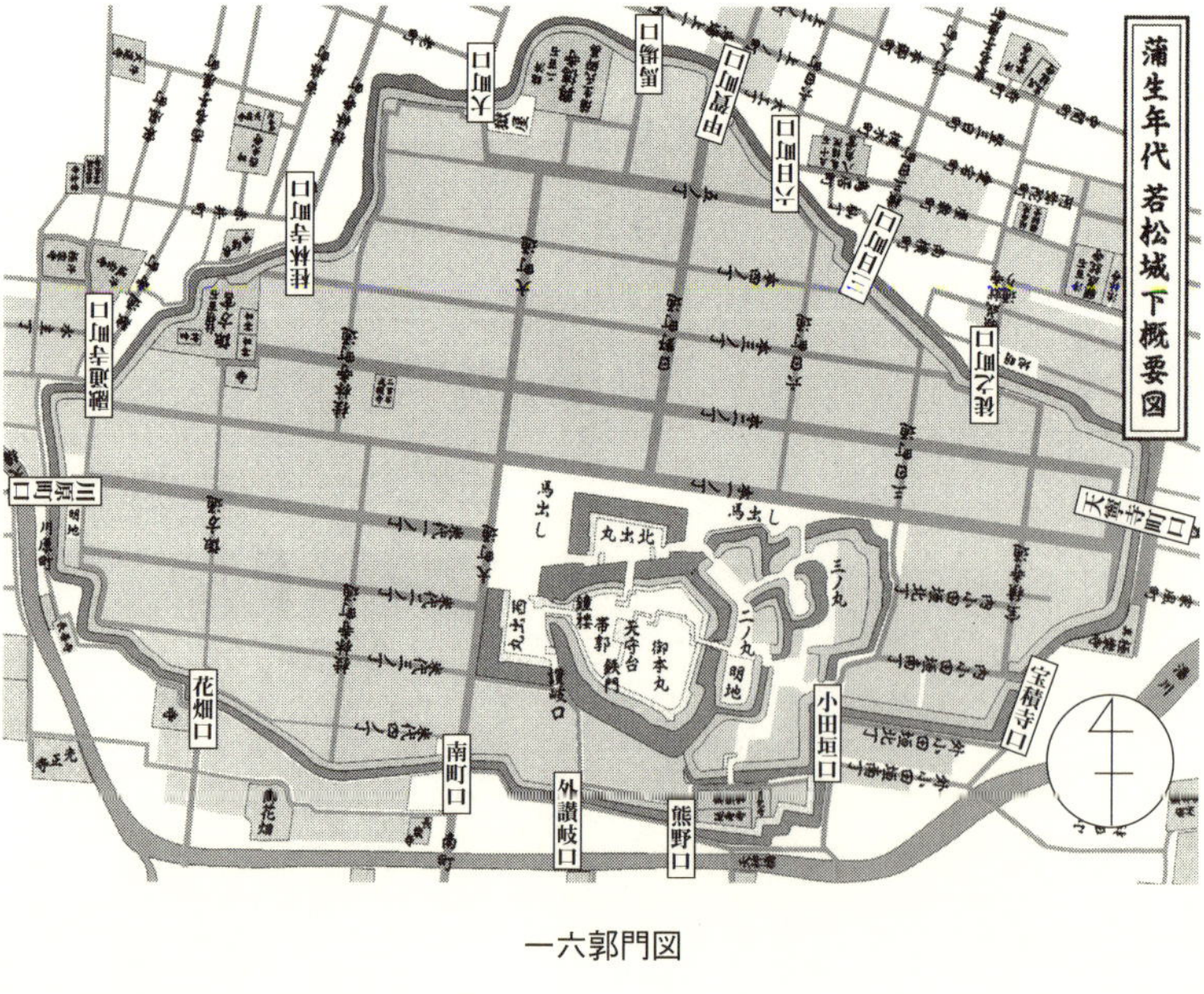

一六郭門図

郭内、米代《よねだい》三之丁に住んでいた町奉行四百石取りの日向《ひなた》家の家を紹介しよう。部屋は一五畳、一〇畳、八畳、四畳半、四畳が各一部屋、六畳の間が四部屋、これに台所、風呂場、若党部屋があった。基準では四五坪であるからほぼ合致する。日向家には召使、別当、中間、若党、女中が各一人、馬一頭がおり、召使は別棟長屋に住んでいた。日向家には立派な庭園もあり、お城の堀から水が流れてきて、滝になって大きな泉水に入った。その池には鯉や鮒がたくさんいた。たいていの家がそうであるように、裏庭は畑になっており、柿、梅、桃などの果樹の他、季節の野菜が植えられ家計の足しになっていた。

足りない材木

藩ではなぜこのような建坪の基準を出したのかというと、質素倹約を旨としたことはわかるが、実際は材木がなかったのである。会津は周辺すべて山であるから、さぞ木材も豊富と思われるかもしれない。ところが木は常に不足していた。今と違いガスや電気、石油などまったくない時代、燃料は薪、木炭しかなかった。木は土木工事、農業資材などで多方面に使われた。城下近くの山では大きな木はすべて切り尽くされ、藩用の木材さえ不足する始末であった。慶安二年（一六四

家老屋敷三宅邸

九）藩は「七木《しちぼく》八草《はっそう》四壁《よんぺき》竹木《ちくぼく》御《お》定《さだめ》法事《ほうのこと》」というお触れを出した。七木のうち「第七木」★はみだりに伐ることを禁じ「要七木」は植栽し子孫に伝えることとされた。さらに寛保元年（一七四一）「八木」の制が出され、伐採はもちろん、枝の剪定にも許可を要した。これは裏をかえせば盗伐が跡を絶たないということであった。ただしもし見つかったら罰金、入牢の刑が待っていたが、罰金は「たとえ妻子を売らせ候ても、きっと取上げ申すべき」という厳しさであった。それでも享保三年（一七一八）には農民の家造りを五、六年停止させるほどだった。

現物支給、侍の給料

侍の給料は知行というが、これは本来土地を家臣に与え、そこからあがる米などを給与とするのが普通であった。しかしその米を全部取り上げたのでは、領民は生活できないから四公六民などという制度が生まれた。寛永二十年（一六四三）会津藩主となった保科正之は新しい給料制度を考えた。それは家臣に領地を与えず、自領からあがるすべての米を一旦藩庫に納め、給与として米、金銭を与えるという今のサラリーマン方式を導入した。さらに正之は武士層の構成にも工夫をこらした。大藩の場合であると家臣の筆頭である家老は、一万石を超える高禄の者も珍しくなかった。会津藩ではこれを最高三千石から一千石に抑えたのである。

▼第七木
漆、桑、翌檜、杉、槻、松、モチノキ。
要七木
カヤ、胡桃、朴、桐、栗、ハシバミ、梅。
八草
牡丹、芍薬、蓮、桔梗、蕨、山葵、独活、木賊。人家の用に立つものであり、無用に採ることを禁じた。
四壁
李、梨、柿、竹。屋敷地などに植えるよう、とされた。
八木
松、杉、姫松、檜、朴、桐、桂、槻。

流し木

そして一般の侍の最高給取りを番頭《ばんがしら》の八百石にして、その分百〜二、三百石取りの層を一番多くした。

さてその給料を百石取りの侍の例で見てみよう。会津藩では百石以上の侍は上級に属し、五、六百人ほどいた。ただ百石といっても会津藩では四ツ成《よっつなり》といって、実際に支給されるのは四割の四十石であった。一石は米俵（四斗入り）で二俵半になるから四十石はちょうど百俵になる。四十石、百俵のうち四分の三にあたる七十五俵は米で、残りの四分の一はお金で支給された。上級武士の給料は年三回で、第一回目を初御成箇《はつおなりこ》といい、八月末から九月に十六俵支給された。二回目は十月で後御成箇《あとおなりこ》といい五十九俵。つまり米が収穫される秋にならないと、給料が支給されなかった。三回目は十二月で、藩に入った米も売れ、侍たちにはお金で支給された。ただし下級の侍は月給制であった。このほか侍の給料を表すのに何人扶持★、何石何人扶持という言い方がある。比較的低身分層に該当するが、最下級の足軽クラスは六石二人扶持で、内職でもしないととても暮らしてはいけなかった。

家臣団のトップ、家老

家臣団の最高位は家老である。今の時代だと能力とチャンスがあれば、社長も

▼一人扶持
一日玄米五合、月にすると一斗五升、年間では一石七斗七升余になる。一石は二俵半。

夢ではない。しかしこの時代は封建時代、いくら能力があっても役職、石高は原則として世襲制である。一般の侍が最高位の家老になることは、まずありえない。ただし戊辰戦争の最中には、戦意高揚のため家老に昇進した侍もいるし、農民の志願兵も士分にされた。会津藩では家老になることのできる家柄が決まっていた。北原、内藤、西郷、田中、井深、三宅、小原《おばら》、簗瀬、梶原の九家で、文化六年（一八〇九）に決められた。ただ実際にはこの家以外からでも、家老になった者もいる。

家老は藩政のトップに立つ人であるから、世襲とはいえある程度人物が要求される。そのため、いきなり家老になるわけではなく、若いうちは若年寄という身分で経験を積む。中には問題があって、家老になれない者もでてくる。家老は通常定員四名で、うち一名は江戸詰めであった。

藩士の身分　紐制襟制《ひもせいえりせい》

会津藩では家老から最下級の足軽まで、大きく分けると三階級、士中《しちゅう》、寄合《よりあい》、足軽となる。もっと細かく分けると士中が四階級、寄合三階級、足軽四階級の全部で一一階級になっていた。これらは羽織の襟の色や、紐の色で階級が一目でわかるようになっていた。士中の侍は例外もあるが大体百石以上、上は八百石の番頭、最高は家老まで。会津藩では百石台の侍が一番多く、次いで二百石台で、士

家老西郷邸

中の侍は五、六百名、全体の二割まではいなかった。

また会津藩の職制として外様《とざま》と近習《きんじゅう》に分かれており、近習は文官・背広組、藩の役人で割場《わりば》★や藩の役所である会所《かいしょ》、藩校日新館《にっしんかん》（一一六頁参照）に勤務する侍。外様は武官・制服組の兵士であった。士中の武士の羽織紐の色は、上から納戸《なんど》色（鼠色がかった藍色）、これは近習では家老、若年寄、奉行クラス、外様では番頭、猪苗代城代など。二番目は黒色の紐で御刀番、町奉行、公事《くじ》奉行、学校奉行、番頭組組頭など。三番目は紺色の紐でこれは外様だけで、猪苗代城勤務の侍である猪苗代外様士。士中の最後四番目は花色（薄い藍色）でお側医師や武芸指南役、家老隊付きの侍などであ

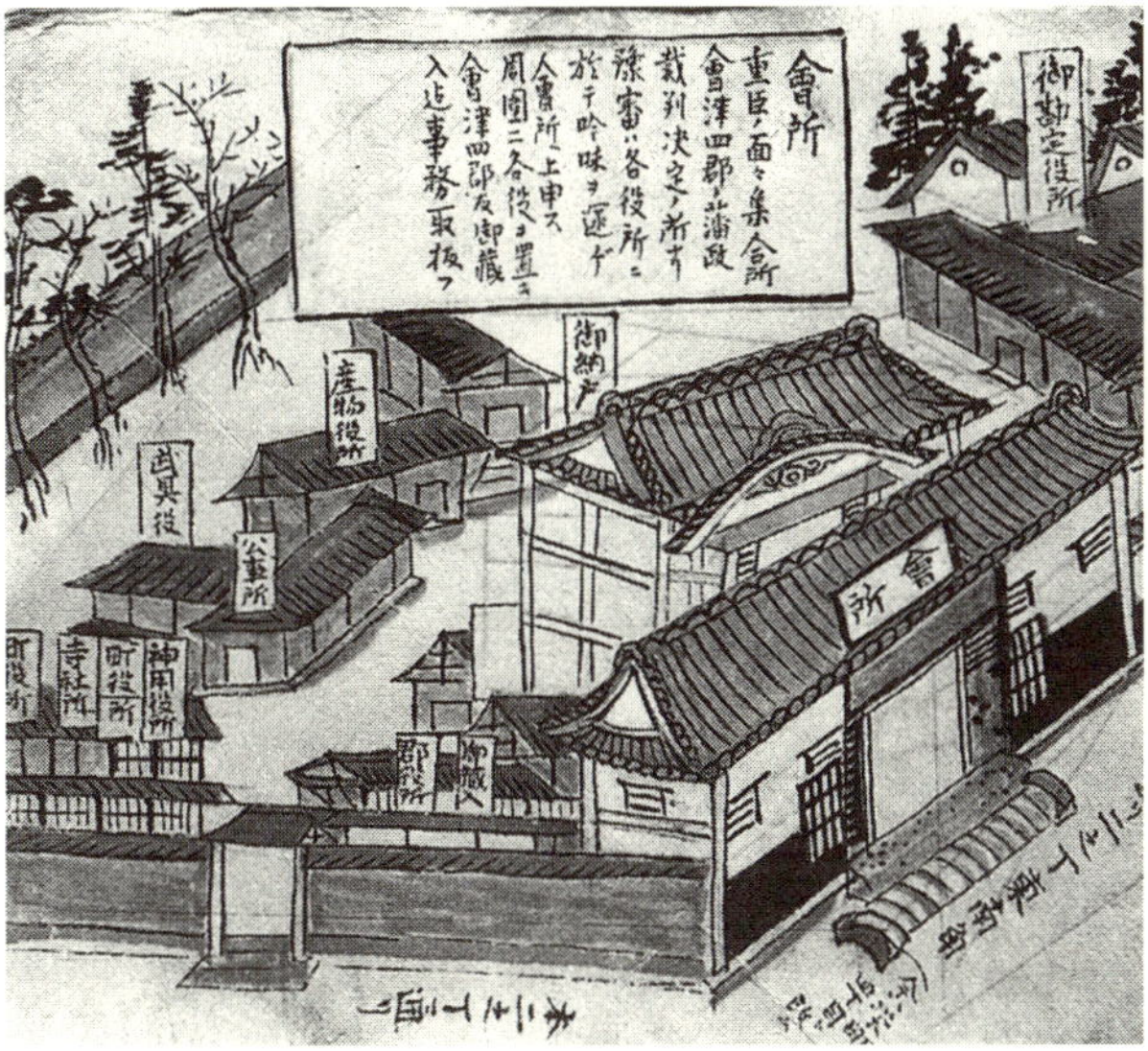

会所の図

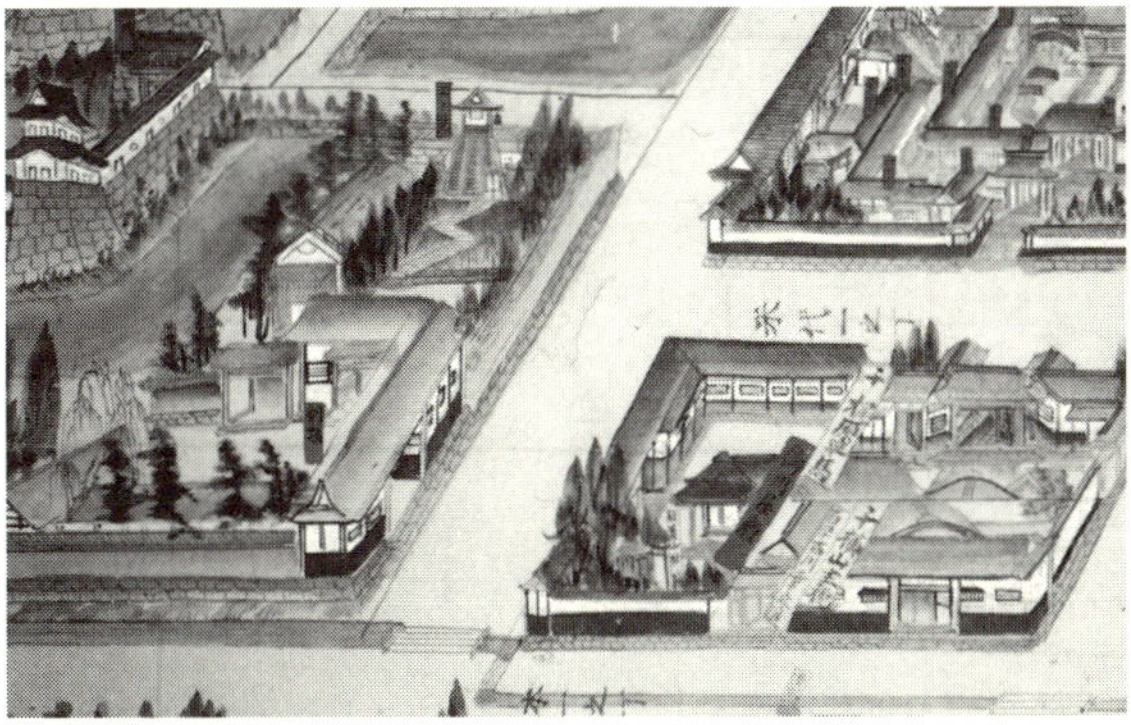
左側が割場

▼割場
藩の普請工事はこの役場で設計し、それぞれの工事係に割り振りして渡したので言われる。材木蔵や木挽小屋、蠟蔵などがあった。

る。

五番目は茶色紐でここまでを独礼《どくれい》御目見《おめみえ》といい、一人で藩主に謁見できる身分であった。以下は御通《おとおり》御目見《おめみえ》といい、大勢列座平伏するところを、殿様が通行する謁見式をいい、その六番目は萌黄色紐。この侍の給料は年割といい年一回暮れに給料を貰っていたが、延宝四年(一六七六)から四月、七月、十二月の年三回とした。これにより生活が明るくなり、風俗まで変わったという。七番目は浅黄色で月給制、ここまでが寄合。八番目以降は足軽で襟制《えりせい》といい、羽織の襟の色が黒、大和柿、白鼠、浅黄の順となる。

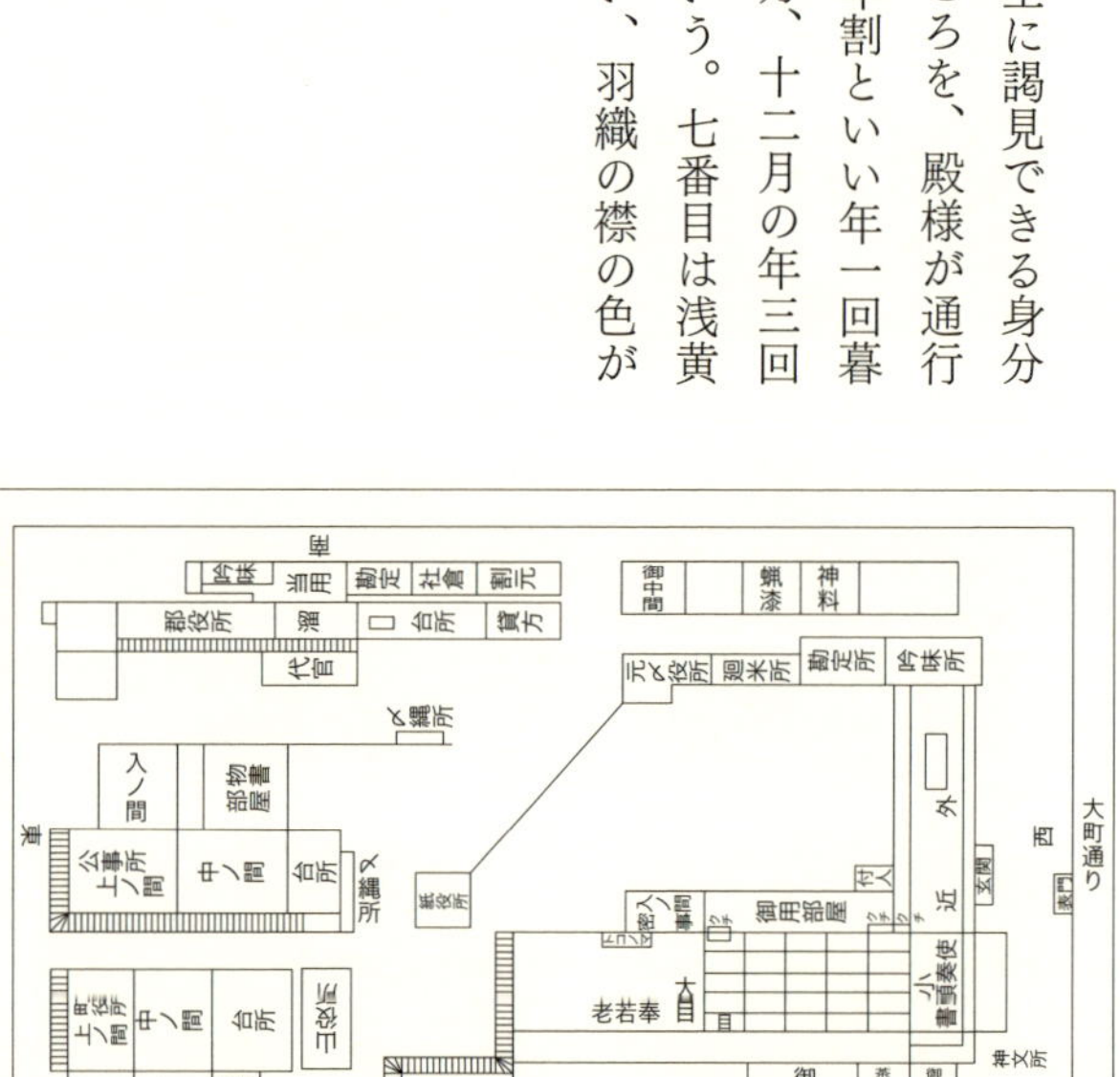

■藩の役所「会所」

第四章 田中玄宰の藩政改革

たび重なる凶作、財政危機、名家老の改革が始まった。

① 財政の危機

いつの時代も百姓は生かさず、殺さず。常に我慢を強いられてきた。

寛延の時代、不作と厳しい年貢のためにとうとう大一揆が起こってしまう。

家老や若年寄による、手形の発行などその場しのぎの政策は、さらなる財政危機を招く結果となってしまう。

会津の家老

会津藩で家老の名称が正式に使われるのは、三代藩主松平正容《まさかた》の時代で貞享《じょうきょう》元年（一六八四）西郷頼母《たのも》近房《ちかふさ》の就任時からであった。それまでは年寄、あるいは老中と言われていた。その数多い家老のうちでも有能な人物といえば田中玄宰《たなかはるなか》が第一であろう。保科正之に仕えた初代田中正玄《まさはる》もまた名家老の誉れ高く、幕府の老中土井利勝は天下の三家老の一人に正玄をあげている。正之も「今、正玄の死するは、四民の不幸これより大なるは無し」とその死を悼んだ。玄宰はその正玄から数えて六代目にあたる。

後述するが、玄宰は五代藩主松平容頌《まつだいらかたのぶ》の許しを得て、政治、経済、軍制、教育などすべての面において改革を断行していった。もし玄宰という人物がいなかったら、会津藩の存在というのは歴史にも残らなかったかもしれない。今も会津に伝わる精神性や産業も玄宰の賜物といって過言ではないだろう。

史上最大の農民一揆

四代藩主松平容貞《かたさだ》の末期、寛延二年（一七四九）会津藩最大の農民一揆★が起こった。

その発端となったのは猪苗代三城潟《いなわしろさんじょうがた》村で、農民が夫食米《ふじきまい》の拝借を断るという事件であった。夫食米とは困窮した農民に米を貸す制度で、貧しい農民にとってはなくてはならないものであった。しかし今回その条件が「上ゲ田★」を出さないこと、借りた分は来秋には返済し、今後いっさい夫食米を拝借しないとするものであった。農民はこれでは生活は成り立たず、今年つぶれるのも、来年つぶれるのも同じと、拝借を断ったのである。

七日町口の木戸

▼農民一揆
一揆の最初の発生地、金曲《かねまがり》村（耶麻郡猪苗代町）の名から金曲騒動ともいう。

▼上ゲ田
耕作者がいなくなった田畑。これを村内の農民たちに耕作させ、年貢の確保を図ったが、農民にとっては大きな負担となった。

四代藩主松平容貞

農民たちは藩に訴え出るべく、村々を回り人数も次第に増えていった。十二月二十四日夕、若松城下西の七日町口木戸には一万五千人もの農民が押し寄せた。木戸では農民と藩兵がにらみ合いとなり、ついに農民は城下に乱入し藩側も発砲し農民に死者も出た。農民の要求は年貢増徴派の奉行二名の引き渡し、年貢の半免、などであった。これに対し藩では奉行の解任、年貢の半免も約束し、夫食米の貸し出しも行われ農民の要求は実現され一揆は収まった。しかし半免は困窮者に限られ、残りは五分の引き下げに終わり、さらに首謀者の処刑、入牢が待っていた。

財政危機

寛延一揆の翌年、第四代藩主松平容貞が二十七歳の若さで亡くなった。この時世継ぎの容頌《かたのぶ》はまだ七歳、このため容貞の弟である容章《かたあきら》が当分の間藩政をみることになった。一揆を鎮圧した藩は年貢の減免など一部譲歩を行ったが、藩財政は圧迫されるばかりでその対応が急がれた。宝暦元年（一七五一）久々の豊作に恵まれたが、反面米価は下落し経済の仕組みは複雑であった。この時期、藩の借金は三六万四六〇〇両にも達しており、うち四万二二〇〇両は年内返済を迫られていた。★しかし財政的に返済は困難で、江戸の御用商人らと協議、返済を一時棚

検見坪刈★の図

▼一両は今いくら？
一両を今の金額に換算することはかなり難しい。換算するものによって大きく変わってくるからである。したがって、資料により一両は数万円とするものから最高二〇万円まで見られる。一両一〇万円とすると一万両は一〇億円となる。

上げにし年貢収入をもって藩財政を運営する健全財政の確立を目論んだ。一方で農政の改革も必要であり、過去農政面で功績のあった外島《とじま》左一兵衛を再度登用し、税率を一定とする「定免《じょうめん》」★を三年続け、田と畑を同税率にするなど、民勢の回復こそ年貢収納向上の基本と考えた。しかし不作や洪水が続き、成果を得られないまま外島は御役御免となってしまった。

代わって同八年(一七五八)神尾大蔵《おおくら》が任命され、再度その年ごとに税率を変える「年免」に切り替えること、民力回復のため貢納物の大幅な軽減などを説き了承を得て実施した。神尾はわずか一年半の任期であったが、天候にも恵まれ相応の成果をあげた。それでも財政状況は一向に好転せず、新たな借金をせず藩の収入のみでの財政運営は七年の期限を待たず破綻した。この時点で借金は四〇万両に膨らんだ。

新財源の創出

宝暦十一年(一七六一)、町奉行井深主水《いぶかもんど》、小山田伝四郎《おやまだでんしろう》は財源捻出のため新たな方策を考えた。義倉《ぎそう》と溜銭《ためせん》の取り立てであった。義倉は元金を一万両とし、藩や武士層、農工商人からそれぞれ出金させ、この元金を困窮者に低利で貸して利を生み出し、また元金を保持することで不時入用に備えるというものであった。

▼検見坪刈
田地全体の収穫量を推定するため一坪の稲を刈り取り検査した。

▼定免
過去数年間の収穫実績に基づいて平均的な年貢量を決めるもの。豊凶に関係なく年貢を徴収する方法で、藩にとっては確実に安定した収入を得ることができる。

しかし現実には出金はとても無理で、諸商売のうち魚、味噌、伽羅油、繰綿、茶、古手などに、現在の消費税にあたる一割の溜銭を課した。これでおおよそ年六、七千両になり、これを元金として運用する。義倉を行えるくらいの金高になれば、溜銭をやめるというものであった。また町の繁栄のため城下の社寺の祭礼で盆踊りや見世物、興行などを行わせる。これで町中の潤いにもなり、藩や民の窮状打開のためには、もうこのような方策しかないと具申し、藩上層部もこれを認め実施した。

しかし明和元年（一七六四）この施策は種々の弊害が生じたらしく、取り止めるよう命じられた。これに対し小山田らは、溜銭は一年平均で六千両、五年で三万両になりこれで貧民救済ができること、諸興行で他国人の足を止め、金銭を城下で使わせ町の潤いになっていることなどをあげた。これに代わる方策はないと、強く主張した結果、継続されることになった。

翌二年（一七六五）、この年二十二歳となった五代藩主松平容頌から、溜銭中止の指示が出された。容頌はこの頃、叔父の手から離れ積極的に藩政をみるようになっていた。しかし重臣らは藩の台所が苦しく、義倉によって家臣や領民への手当が賄われていることを訴え、この政策はまたも継続された。しかし実質的にその多くは家臣への手当に充当されていたのであった。

五代藩主松平容頌

中間管理職逃亡

家臣への俸禄、民への支払いも滞り、家老、奉行ら加判《かはん》の者★たちも手立てなく、調達方すべてを元締役に一任した。財政再建を任された元締役井深主水は、その手段として酒造先納金、町村からの御用金などを命じたが、応じる者はなくついに手形の発行に踏み切るしかなかった。これは五万俵の米を宛物とする手形であったが、実際は現物のない空手形であった。このため決済期日になると債権者が押し寄せたため、主水は金三五〇〇両もしくは米一万五千俵の用立てを上役に申し出た。しかし加判の者たちも思案に余る問題であり、一時的でもよいから今の苦境を乗り切る方法を講じるよう命じられた。更に家臣らからも昨年中の未払い米を渡すよう要求され、四面楚歌となった主水はついに明和四年(一七六七)密かに出奔《しゅっぽん》するに至った。その書き置きには、

「いろいろ今まで苦心努力を重ねてきたが、ついに手段も尽きてしまいました。数年来他人の誹謗中傷もいとわず、藩のため一身を擲《なげう》って参りました。帳簿を調べてもらえばわかりますが、この間一銭たりとも私使はしていません。自殺も考えましたが死ねば万分の一にも報いる道がなくなります」更に「今後の道として大倹約し一万五千俵の米、または三五〇〇両あれば秋まで持ちこたえられ、そ

▼加判の者
家老、若年寄、奉行を指す藩の重職者。書類に連判することでいわれる。会津藩では勘定奉行を単に奉行という。

の後は新納米で何とかやっていけます」と、のちのことまで心配する悲壮な文面であった。

最高幹部である加判の者たちは、主水に空手形の発行を仕向け、米や金の調達策も聞き流し、そのあともいっさい責任を取ることはなかった。借金の総額は五七万両にも及び、このうち二〇万両は最近の借金であった。しかし返済の目途はなく、家老たちも当分は何とも致し方ない、と藩主に言上する始末であった。★

▼井深主水のその後

行方をくらました主水を追って、藩は新潟、白河、福島方面まで探索の手を回したが、ついに見つけられなかった。その二十四年後、主水の消息がわかり罪も許され、寛政二年（一七九〇）帰参が許された。元々能力のある人物であり、再び召し出され最後は町奉行にまで登用され、八十歳に至っても現役で勤めた。

これも会津

江戸時代のリストラ策・地方御家人制度

侍というのは本来、領主から相応の土地を与えられ、そこからあがる米が給料となった。

これを初代藩主保科正之が全廃し、米とお金で与えるサラリーマン方式にしたことは前に記した。

さて藩士の給料の支払いにも困る会津藩でも、いくら苦しくとも兵隊である藩士のリストラを進めるわけにはいかない。なぜなら会津藩は奥羽の盾であり、武力でもって徳川幕府を支えるという立場から兵を減らすことはできない。そこで藩では藩士の数を減らすことなく、給料を減らすという名案を考えた。安永五年（一七七六）に始まった地方御家人《じかたごけにん》という制度である。これは中・下級藩士に土地を与え、地方、農村部に侍身分のまま転出させるという方法である。そしてその土地からあがる米を給料としたのである。

藩とすれば給料を払う必要はないし、何より手余り農地の解消にもなる一挙両得の案であった。ただし土は耕しても侍であるから、イザという時のためあまり遠隔地に置くわけにはいかないし、侍としての自覚や自尊心も奪ってはならない。そこで会津平野部に土地を与え、百六十戸ほどが転出した。定期的な軍事演習も実施され、春にはお城三の丸において合同調練も実施された。また師範が各地に出張して稽古をつけたり、鉄砲などの試験もあった。それでもやはり侍であるから、実際の農作業は近隣農家の次・三男を雇って行わせ、自身は悠々自適な生活を送ったともいわれる。

戊辰戦争の際は正奇隊として編成され、白河や若松城下の戦いで力を発揮した。

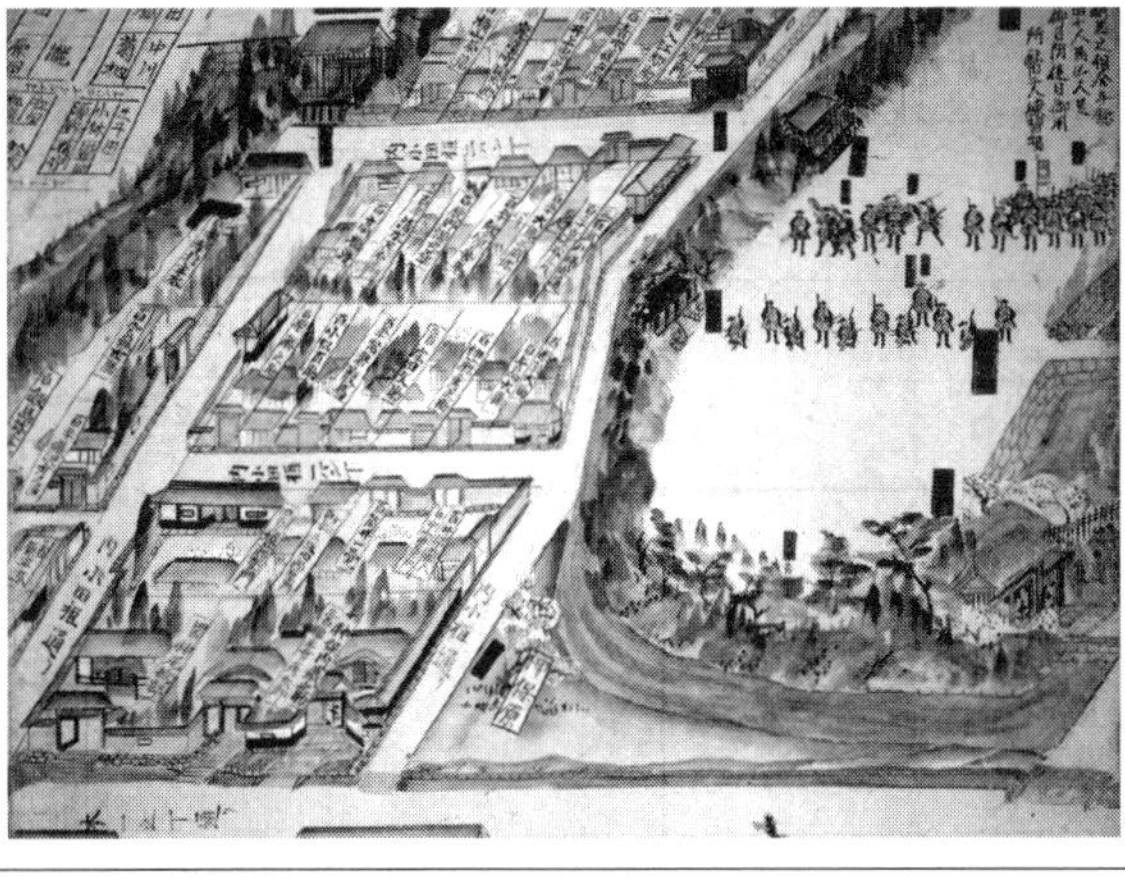

三の丸での演習

② 改革者玄宰

天災に備え、人災を律するのがよき改革者の使命。
会津の賢人玄宰が最も重視したのがそれぞれの職分に応じた人材の育成である。
殖産興業による庶民生活の向上、教化改善主義による刑罰改正、玄宰の改革は続く。

玄宰登場

江戸時代はかなりの確率で凶作が起きたが、天災であるからある程度不可抗力といえる。そのため日頃からその準備を整えていくのが政治であり、上に立つ者の役目でもある。天明の大飢饉の際、東北各地を回り調査、記録した会津藩士田《た》村三省《むらさんせい》はその著『孫謀録《そんぼうろく》』（天明五年＝一七八五）の中で「三年耕して、三年の蓄えのないのは国主にあらず」とまで記している。

慢性的財政難に苦しむ会津藩は、場当たり的な対処でその日その日を過ごしており、将来的な展望を見出せないでいた。かく政治不在の中で登場したのが田中玄宰《はるなか》であった。

玄宰が十三歳の時、父玄興《はるおき》が四十一歳で亡くなり、玄宰は役職を持たない無役組に編入された。その後、番頭《ばんがしら》を経て二十九歳で奉行に任命された。奉行の

家老田中玄宰邸

職は家老、若年寄に次ぐ席次で、これらは加判の者といわれる重職であった。さらに天明元年(一七八一)二月、三十四歳で若年寄、十二月には家老職に進んだが、同四年病のため辞職を許され静養することとなった。

実はこの時、玄宰は、熊本藩主の侍講《じこう》★を務め改革を成功させていた徂徠《そらい》派の古《ふる》屋《や》昔陽《せきよう》を招聘し、その教えを受け藩内に改革が徹底するよう考えていた。しかし藩主松平容頒《かたのぶ》は藩祖保科正之と学風の異なることを嫌いそれを拒否したため、玄

▼**侍講**
天皇や君主などに学問の講義をすること。または、その役。

天明の飢饉絵図

宰は病気を理由に職を辞したともいう。しかし復職する翌五年十二月まで、一年四カ月の間は玄宰にとって、また会津にとっても一大転機となる意義深い期間となった。

玄宰の改革案

この間、玄宰は兵法や経済、聖賢の教えを研究し、藩や藩士のあるべき姿を求めたのであった。この時代農村は疲弊し、それに伴い藩財政は危機に瀕《ひん》し、藩士らは泰平になれ、明日への希望もなく、腐敗怠惰と危機的状況に陥っていた。ひとり危機感がつのった玄宰は、正之の遺訓とその編纂書である『二程治教録《にていちきょうろく》』★の精神に基づき、八大項目からなる改革の骨子案を容頌に献策した。天明七年(一七八七)二月のことであった。その八項目とは次のようなものであった。

一、武備を充実して士卒を訓練すること
二、学校を拡大し、文武の道を講究すること
三、門地にかかわらず、人材を登用★すること
四、財用を節して、国用を足すこと
五、刑則を定めて、裁判を公平にすること
六、服色を定めて上下の身分を明らかにすること

▼二程治教録
程明道、程伊川兄弟の遺稿を集めた『二程全書』から民を治め、民を教えるのに肝要な語を抜き集め、政治に参与する者の心得に資した。

▼登用
玄宰は従来、月番交代制であった職分を三つの政務専任制にし、責任の所在の明確化、迅速化を図った。あわせて経済に長じた中下級藩士の登用を行った。

七、賞罰を明らかにして各々その分を尽くすこと
八、村里の法を定めて、風俗を正すこと
容頌はこれを他の老職に諮ると北原光保、三宅忠明は賛成し、高橋重長は反対を表明した。その理由として重長は、藩祖正之の遺法は決して変えるべきではないと弁じた。これに対し玄宰は遺訓の趣意をよくわきまえ、世の変遷に応じ変えていかなければ却ってそれに背くことになると反論した。ついに両者とも引かず、容頌の裁可を仰ぐことになった。十月六日容頌は玄宰の建議を全面的に認め、重長は職を免じられた。しかし改革案は認められたものの、それを実行に移すのは至難のことに違いはなかった。

農民、農村体制の再編

農業は国の基盤であった。そのため農民は工商の上に位置づけられていたが、その実態は最も収奪される側に違いはなかった。相次ぐ飢饉により農村人口は減り、生産量も減少した。人口の増減は民勢の反映で、天災や課税の強化があると、現在では考えられないほど一気に減少した。容頌時代の五十六年間だけ見ても最大一五万二五三人、最少では一一万三八三二人と、実に二三％もの開きがある。

玄宰は農民、農村自体の中に自ら生きる力を養うと共に、権威と義務を与えよ

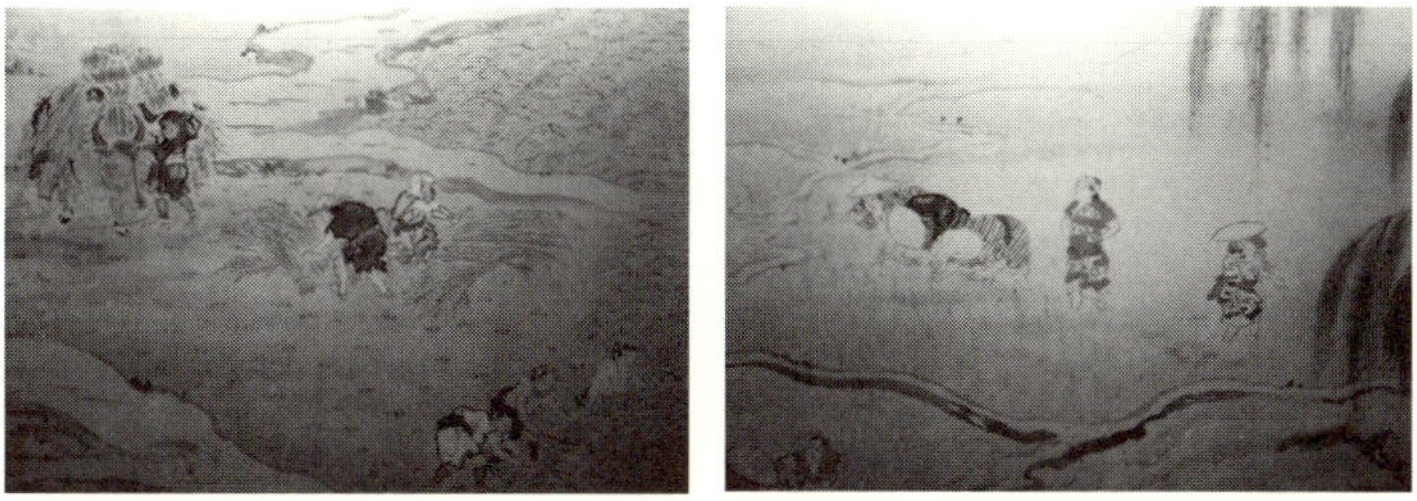

農耕絵図

うと考えた。そのため良民の育成に力を注ぐこととした。良民とは自己の所有する田畑を自分の一家で耕す農業専従者である。一年の労力の割り振り、収支の計画がたてられる自主自立の農民の育成を行うことに力を尽くした。

まず田地《でんち》生帰《いきかえり》法《ほう》を制定し、荒れ地、手余り地の再墾、不在・不耕地主の質地、流れ地の放出、さらに耕地面積の平均化、生産量の多寡による土地の再割り振り、均等化などを行った。村の体制も村長である肝煎《きもいり》以下、地首《じがしら》、鍬頭《くわがしら》の三役を中心におき、各農家を五人組に入れ、その長を鍬頭とした。税の納入は十日前に肝煎が布令を出し、不納の者がいたら五人組の責任となった。農民は連帯責任と相互扶助の精神を持つことを要求された。この他、藩の体制も、従来城下の会所詰めであった郡《こおり》奉行、代官を農村に転出させ、目安箱も設置し役人の不正を監視した。

教育の革新と殖産興業

玄宰は藩士の教育にも主眼を置いた。それはひたすら藩に対しての有能な人材を生むことを目標とした。聖賢や偉人ではなく、各人の地位、役職にふさわしい能力と誠実さを備えることにそれはあった。このため藩士皆教育として、義務教育制度の実施を行った。時代によって若干変更はあるが、十歳で藩校への入学が義務付けられた。と同時に次男以下にも教育の道を開いた。

この時代、跡取りは長男だけであり、次男以下は部屋住み、厄介者とされ、将来への展望も見出せなかった。天明以前は次・三男に犯罪者も多く、追放され藩外で会津浪人と称し、事件を引き起こす者もいた。しかし教育を受けることで他家への養子や、藩の役職につける機会が生まれる。また中・下級の藩士でも、成績次第では上級武士の学校日新館編入も可能とされた。この他にも非行を犯した少年に対し、空き屋敷を利用して学問を学ばせるなど矯正教育も行っていた。藩主容頌も自ら、藩士の幼少子弟のために『日新館童子訓』を編纂した。これは「忠孝悌敬信」を根本指針としたもので、会津藩士として、また人としての道を教える精神的支柱となった。

軍制、教育、農村などの改革を断行した玄宰は、さらに庶民生活の向上を図るため殖産興業を奨励、実行に移した。今日、会津の伝統産業と言われるそのほとんどが玄宰の創設、また復興したものといえる。以下、いくつかの産業をみてみよう。

漆、漆器、ロウソク

漆は葦名、蒲生氏以来、会津の特産として歴代領主も保護、栽培を奨励した。また漆の実からは蠟も採れ、それを精製して作るロウソクは古くは織田信長に献

漆掻きの図

ロウソク作り

上された記録もある特産品であった。
そのため漆液、蠟、ロウソクは年貢として上納された。容頌時代、その収益は米に次ぐものであった。漆木の戸籍も作られ厳重に管理され、たとえ私有地の漆木であっても、勝手に伐採することはできなかった。漆の採取法も一時に大量の漆を掻き取る「掻き殺し」を禁じ「養生掻き」を奨励したため枯れ死も少なくなりますます増加した。

その漆を使って作られるのが会津漆器である。漆器自体の歴史はかなり遡る事ができるが、歴代の領主の命で改良が加えられてきた。天明四年(一七八四)玄宰の家老再任一年前に、江戸の戯作者平秩《へづつ》東作《とうさく》が蝦夷・江差の町の様子を記した『東遊記』に会津漆器のことが記されている。しかしそれによると「椀、重箱の如きもの、会津はいやしとして用いず。多くは値段が高くとも輪島の塗物を用ゆ」とあり、決して評価の高いものではなかった。そこで玄宰は京都から蒔絵師を招き、領内の職人に伝習させた。

また享和二年(一八〇二)には長崎在留のオランダ人や中国人に、会津漆器の売り込みを図ったこともあった。これは貴重な外国製医薬品や唐本と、漆器をはじめとする会津の産物との交易を行おうという試みであった。外国人の好む嗅ぎ煙草入れや金銀蒔絵の重箱などが輸出されたが、どの程度成功したか不明である。

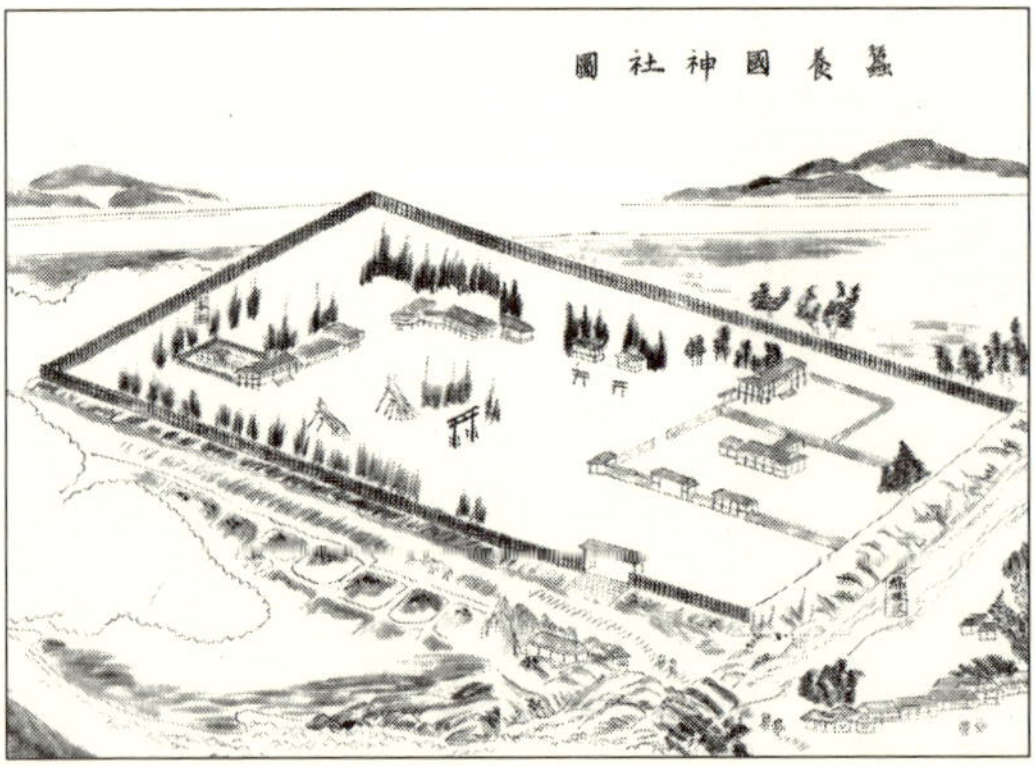

蚕養国神社図

養蚕染色

会津若松市内には養蚕の神様である日本一社★の蚕養国《こがいくに》神社がある。『延喜式神《じん》名帳《みょうちょう》』★にも記される古社で、会津では古くから養蚕が行われていたことが証明される。しかし近世に入ると養蚕業は衰え、玄宰は先進地である川俣、福島方面から良質の桑苗を買い入れ、実費で下げ渡し栽培を奨励した。寛政四年（一七九二）には自ら蚕を飼い、絹を生産する者にはその着用を認めたが、たとえ重役の妻女でもそれを行わない者は着用を禁じた。また京都西陣から織り師、染め師を招き、製法を伝授させたため養蚕業も復興した。

陶磁器

会津本郷町で生産される焼き物は「本郷焼」の名で知られる。歴史は古く玄宰時代には生産体制も整っていた。しかし半透明で薄く、藍色の呉須で絵付けされた白磁の製法は、まだ肥前有田の独占技術であった。藩では安永六年（一七七七）本郷村から優良な陶石が発見されたのを機会に江戸の陶工を招いたが、それでも満足のいく製品はできなかった。本郷の陶工佐藤伊兵衛は磁器の開発を志し、先

▼日本一社
日本でただ一つの神社。

▼延喜式神名帳
延喜五年（九〇五）に着手し延長五年（九二七）に完成した律令の施行細則。神祇部に伊佐須美《いさすみ》神社、蚕養国神社、磐椅《いわはし》神社が載る。

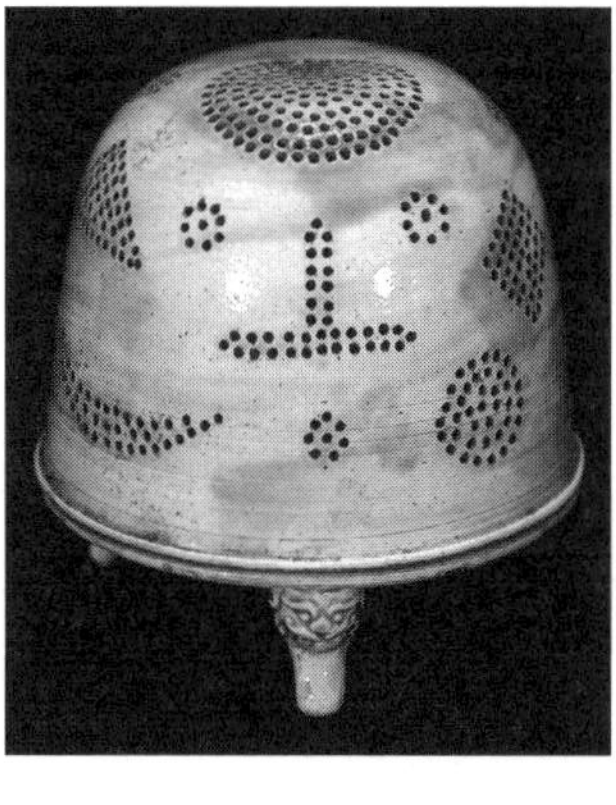

本郷焼砕石手透文虫籠

進地有田への視察を願い出て、寛政九年(一七九七)ようやく許され旅立った。各地の窯場を密かに見聞して帰国した伊兵衛は同十二年登り窯を築いたが、できたのは灰白色の半陶半磁器であった。のちこれは砕石手《さいせきて》と呼称されたが、本物の磁器は文化十三年(一八一六)になって手代木《てしろぎ》幸右衛門によって完成された。これにより本郷焼の販路は大きく広がり、財政を潤す産業に発展した。

会津の酒

会津は米や水の良さと相まって酒の里として有名である。その酒どころ会津の名を高からしめたのも玄宰の功績であった。それまで会津ではごく小さな酒造所が多くあったが、領内の需要を満たすだけで酒質もそれほどではなかった。事実容頌の食膳に上る酒も灘の酒であった。そこで玄宰は町奉行伊与田安太輔の建議を入れ、酒造の構造改革に乗り出した。まず品質向上を図るため、本場灘地方の摂津国から杜氏二名、播磨国から麹師一名を招いた。三人は城下材木町で町や郷村の酒造家にその技術を伝授した。次に玄宰は藩直営の酒造にも手を染めた。材木町住吉川原の泉水が醸造に適することを確認し、巨大な酒蔵を建設、年間二千石の醸造を開始した。酒は清美川と名づけられ評判もよく下野国まで販売された。容頌もこれを喜び、地場産品愛用のため灘の酒から清美川に替えたことは言うま

会津藩の酒造所

でもない。

養蜂と蜂蜜

現在でも会津地方には養蜂家が何軒かあり、各種の蜂蜜を生産販売している。その養蜂の端緒を開いたのも玄宰であった。藩政時代も城下の薬屋では蜂蜜を売っていたが、当時は貴重品で薬用として用いられた。ところがこれは品質が劣り、蜜の多くは作り物で本物はほとんどなかった。そこで玄宰が調べさせたところ、四国伊予大洲《おおず》藩六万石の加藤家領内で、ミツバチをたくさん飼っていることがわかった。家業として専門に飼育する者もおり、家中の低身分の者たちにも飼育させ成功をおさめていた。

さらに白河藩主松平定信が加藤家からミツバチを分けてもらい、江戸下屋敷で蜂を飼い蜂蜜を生産していることも判明した。内々に問い合わせたところ、寒国でも上手にやれば飼育も可能と聞き及んだ。調査をした吉岡昌珉《まさたみ》も見込みありと判断し、遠く大洲藩まで蜂を貰いに行った。もし飼育が成功し蜂蜜が採れれば、民も喜ぶし藩の財政にも寄与する。幸い江戸下屋敷での試験飼育も成功し、次第にミツバチも増殖した。そこで寛政九年(一七九七)三月、二箱分のミツバチを会津に運んだのであった。

幻の羅紗織

玄宰は会津の新ブランドとなる特産品を数々模索したが、当時日本では珍しかった綿羊の羅紗《らしゃ》織に目をつけた。早速、綿羊を飼っていた駿河国一万石小島《おじま》藩松平豊前守に掛け合いこれを貰い受けた。綿羊はしばらく江戸下屋敷で飼われたあと、陽気も良くなった寛政九年（一七九七）五月、本格的飼育にかかるべく城下に到着した。はじめ町役所におき、飼育者を募ったが、死なせては大変と希望者は現れなかった。そのうち三之町の住人鉄之丞という者が望み出て飼い始めたが、思いの外飼育費用がかさみ返上してしまった。困った玄宰はブレーンの一人である医師の安田亨意に命じて飼わせることになった。しかしこのあと羅紗織が会津特産となった記録はなく、玄宰も時には失敗することもあった。

薬用人参と人参役所

薬用人参はウコギ科ニンジン属の多年草で、古くから万病に効く良薬として知られていた。人参が会津で初めて栽培されたのは、三代藩主松平正容の時代で藩主の別荘御薬園《おやくえん》で試験的に栽培された。本格的には容頌の時代で、玄宰は出雲国

会津藩人参役所

から二〇〇両分もの種を購入するよう命じた。金を渡された役人はこのように大量に種を求めてどうするのかと尋ねた。すると玄宰はこの度の試植は会津四郡、どこの地域に栽培が適するか調べるものであるからと答えた。確かに薬用人参の適地は少なく、現在では会津と長野県、島根県の三カ所だけである。薬用人参は冬寒冷で、夏冷涼な光線の弱い北面・西面の排水のよい土地に適する。しかも一度植えると何年も同じ場所に植えることのできない面倒な作物である。栽培も面倒で難しく、生長にも時間がかかり、収穫できるのに四年以上も要する。

　成功のメドの立った藩では人参役所を新設し、栽培指導から収穫、販売まで手掛けるようになった。トップである人参奉行には八百石取りという、最高クラスの侍をあてるほどの力の入れようであった。種は貴重品であり、植える時は役人監視の中で播き、四年後の土用に収穫の際も監視付きであった。人参は東名子屋町の藩の製造所で製品化された。これを一手に引き受けていたのが長崎商人足《あ》立《だち》仁《に》十郎《じゅうろう》であった。仁十郎は人参を清国に輸出し莫大な利益を得た。この頃会津藩は海防警備などで、藩財政は破綻寸前で、人参の収益は貴重な財源であった。仁十郎は輸出契約を独占しており、藩への献金もかなりの額にのぼった。藩ではその功績により五百石取り若年寄格として厚遇した。一代で巨万の富を築いた仁十郎であったが、明治元年の戊辰戦争で長崎にあった輸出寸前の大量の人参を没収されてしまい、あっという間に没落してしまった。

足立仁十郎

玄宰はこの他にも煙管《きせる》、地墨製造の奨励、鯉の養殖、金粉金箔の製造、水車の設置、雛人形師や船大工の招聘、甲冑製作役場の建設、鋸の製造等々多岐に渡り各種産業の振興を図った。販売に耐えうる製品、商品の増加により、藩では販路拡大のため江戸中橋槙町《なかはしまきちょう》にその専売所ともいえる産物会所を設置したのは、寛政五年(一七九三)であった。取り扱う商品は漆器、銅細工、煙管、薬用人参、ロウソク、麻、紅花、米、わらび、ブドウなど多品目に渡り、現代のアンテナショップの草分けとなった。

規制緩和、歌舞伎役者がやってきた

藩政時代、城下では芝居興行などはめったに見られなかった。その理由は初代藩主保科正之が会津万歳や獅子舞などの芸人が、領内を徘徊することを禁じていたからである。以来、代々の藩主もこれを受け継いできたが、寛政三年(一七九一)百三十年振りにこの禁を緩和することになった。この頃財政難により何度も倹約令が出され、景気も下降線をたどっていた。そこで城下活性化のために、町人から歌舞伎人形座建設の話が持ち込まれたのである。玄宰は義理人情を中心とし、人の道を説く浄瑠璃を主に公演することでこれを許した。これで改革の趣意

江戸中橋槙町（現日本橋、京橋）付近のにぎわい

を浸透させ、領民も喜び人が集まることで景気も良くなることを期待した。またこの時代、各地から商人らが商いに来ていたが、城下には娯楽も少なく用が済むとすぐ帰ってしまい、金を落とすことはあまりなかったこともある。

同年三月、七日町に人形座の建設がなり、いよいよ公演が始まった。ただし見物席は男女別々で、奉行所からは同心、夜廻りが出張し取り締まりにあたるという仰々しさであった。侍にも月一、二回見物を許したが、藩校の生徒には行儀作法をつつしみ静かに見物するよう通達が出された。

これがきっかけとなり、同七年（一七九五）には博労町の馬市の復活を機に、三之町に芝居小屋七右衛門座を建てることも許可された。公演は春秋二回の馬市ごとに、それぞれ三十日間の興行が認められた。これも大当たりでさらに西名子屋町にも、七軒の民家を取り壊し芝居小屋が建てられた。この頃は江戸歌舞伎の全盛期で、名優も次々誕生していた。新しい芝居小屋では客寄せのため、当時評判の名優瀬川菊之丞や市川高麗蔵《こまぞう》を呼び大評判をとった。一方の七右衛門座も負けじと市川蝦蔵、岩井半四郎らを呼び城下は空前の芝居ブームに沸き立った。町民は着物を質に入れてまで芝居見物、また贔屓《ひいき》の役者に贈り物攻勢をかけ大変な騒ぎとなった。小屋の前には菰《こも》かぶりの酒樽が山のように並んだ。あまりの過熱に藩もあわてたが、町の活性化には大きなプラスとなった。

会津万歳

これも会津

会津藩の少子化対策

　領民の人数は藩を支える大きな要因であるから、藩は働き手の確保には対策をたてたが、産児対策にはそれほど重きを置いていなかった。当時庶民は経済的に苦しく、子減らしのため陰殺、間引きの悪習が広く行われていた。それは母親自ら、また鬼婆と呼ばれる産婆の手にかかり、女の子が多くその犠牲となった。

　このような悪習に対し保科正之以来、歴代藩主はたびたび間引き防止を指示していたが、あまり効果はなかった。延享三年（一七四六）町奉行神尾大蔵は将来の人口減を心配し、少子化対策の意見書を提出した。それによるとこの五十年間に町方の人口が一万六七〇〇人余と、四〇〇〇人も減少していること。また一年に三〇〇人の出生はあるが、間引きされる子どもはその倍もあり、その対策として妊婦に手当を与えるとし、財源や予算まであげ対策案を上申した。しかし藩の上層部は聞く耳を持たず、また危機感も感じておらず却下されてしまった。

　安永期（一七七二〜）に入ると神尾の心配は現実のものとなり、人口の減少は更に顕著になってきた。それでも対策が取られるのは寛政四年（一七九二）になってであった。藩ではようやく年間米一一五〇俵を産児養育のため支出することに決めた。また容頌は節約して残した一五〇〇両を少子化対策に使うよう遺言した。他にも民間から篤志金を集め、郷村では各組ごとに運用されることになった。十歳以下の子どもが三人いる家庭には金銭や衣服料、手当米を、乳不足あるいは母親が病死した家庭には乳飲み子料が与えられるなど手厚い対策もとられた。文政六年（一八二三）三つ子が生まれた際には、五〇俵もの米が与えられた。

　また産児養育の手引書『子孫繁昌手引草』などの出版や、母胎保護のための流産防止薬などの無料配布も行い、ようやく官民一体となって少子化対策が推進されるようになった。

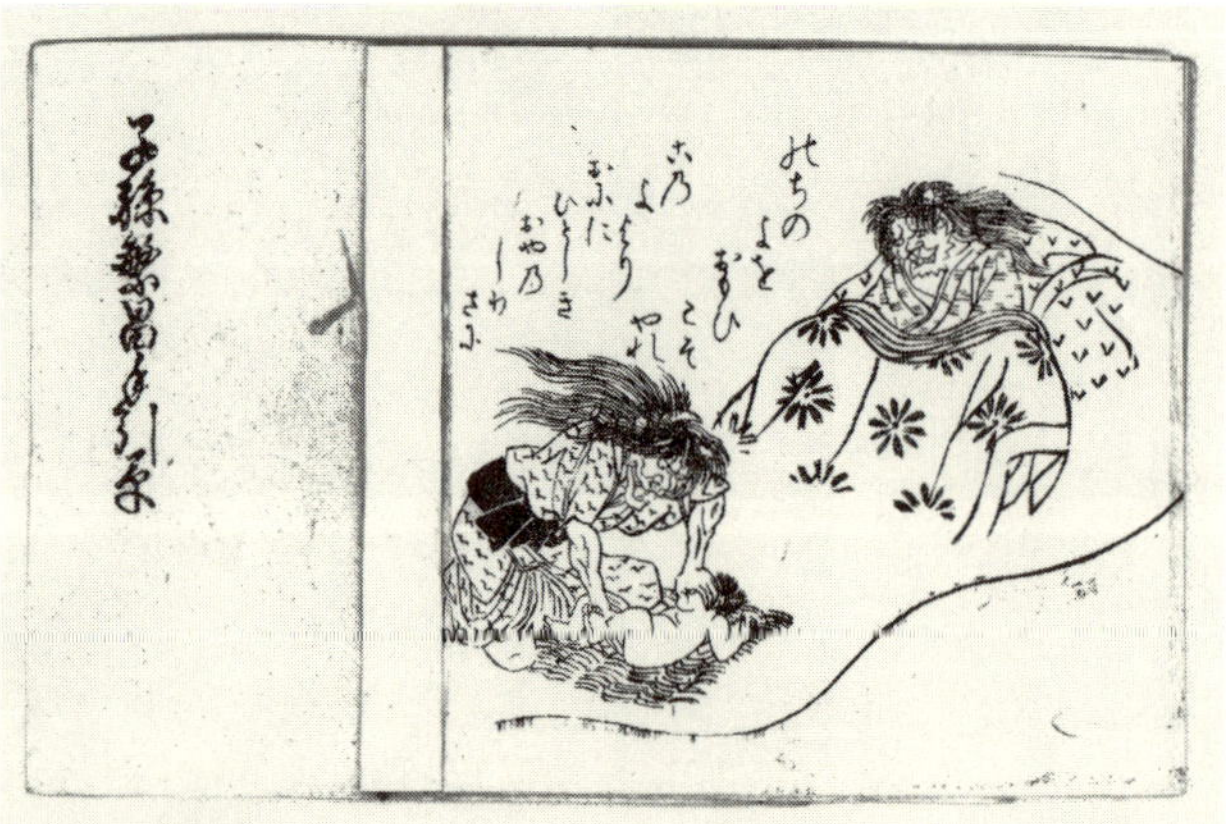

刑罰の改正

先の玄宰の改革案の中に「刑則を定めて、裁判を公平になす」という項目が掲げられている。刑則とは文字通り刑罰の規則で、寛政二年（一七九〇）に成立した。これは中国明《みん》代の刑法典『大明律令』や、これを継受した熊本藩の『刑法草書』の影響を強く受けた、会津藩独自の刑法典であった。

初代保科正之以前の刑罰は「威嚇《いかく》をもって統治するための道具」であり、牛裂き、釜煎り、松明炙《たいまつあぶ》り、鋸引《のこび》きといった、見せしめとしての残酷刑も行われていた。この当時小藩では死刑は幕府の允許《いんきょ》★が必要であり、磔刑は御三家以外は幕府の許可を要したが、会津藩のみは事後の届けで可とされた。正之は漸次残酷刑を無くしていったが、玄宰は藩政改革の一環として、刑罰規則の改編を行った。これは戦国の世から平和時への時世の変化や、刑罰の不統一など刑法改正の必要性を感じたからであった。玄宰の意図するものは厳罰主義ではなく、教化改善主義にあった。これは拘禁刑や追放刑は原則として廃止し、番人付きで手習いや学問に励ませる揚座敷や労役刑である徒刑《とけい》といった自由刑を採用し、死刑はできるだけ少なくすることにあった。

▼允許
許可すること。

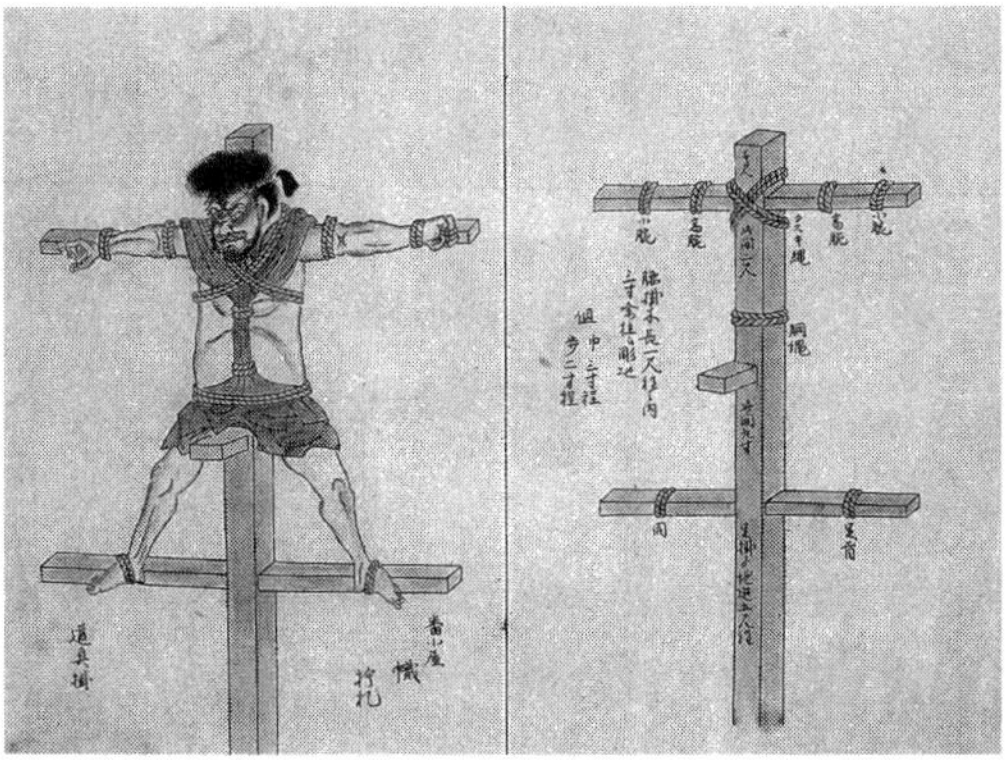
刑罰の図

教化改善主義を図る

自由刑とは受刑者に教育を施し、悔悛《かいしゅん》の情の有無により刑期を変更するもので、江戸刑法史上画期的なものと言われる。つまり刑罰は懲役と教育により、悔悛を促すものとしたのである。犯罪者を領外に追放するのは、簡単で安易な刑であるが、これでは犯罪者の生計の道を閉ざし、再犯を犯すことにつながる。このため徒刑《とけい》という労役を課し、釈放の際にはこれで得た賃銭を渡し、自活更生の一助とさせたのであった。徒刑者は徒小屋《づ》に入れ中で藁細工を、外役は番人つきで木割りや土方仕事をさせた。苦役に励む者には米を賞与したり、悔悛の度合いによっては刑期の短縮あるいは延長といった不定期刑も採用された。また父母・妻子などに面会日を設けるなど、犯罪者の教育、教諭により善良な人間へ更生させる配慮も行った。

この「刑則」に記される刑は、侍用と庶民用の二種類があった。侍に対しては蟄居《ちっきょ》、閉門、揚座敷《あげ》、死の四種、一五等級。庶民用は笞刑《ちけい》、杖刑《じょうけい》、徒刑、肉刑、死刑の五種、二二等級あった。この他犯罪予防にも力を入れ、郷村においては無知による犯罪を防止するため、農閑期には村中の婦人、子どもまでをも集め、刑法を人々に周知させ、不識の罪を犯すことのないよう教諭を行った。このように

城下の獄舎。後ろは興徳寺

会津藩では教化改善主義を本とした先進的な施策を行っていたのである。

幼少藩主の教科書、『家世実紀』編纂

会津藩政史を研究するにあたり、藩の編纂になる『家世実紀《かせいじっき》』は必要不可欠の基礎資料である。これはわずか三歳で七代藩主を継いだ松平容衆《かたひろ》が、将来政治を行う上で、今まで会津藩ではどのようなことが起き、どう対処してきたかを知ることができるようにと玄宰らが計画、編纂したものである。保科正之の高遠藩相続の寛永八年(一六三一)から文化三年(一八〇六)までの百七十六年間のことを、藩政を中心に村々の記録まで集め編年順に編集している。文化八年に大老北原采女《うねめ》を総裁に編集方役場が設けられ、同十二年に首巻を含め全二七八巻が完成した。

また地誌資料である『新編会津風土記』一二〇巻も欠かせない資料である。これは正之の命によって編纂された『会津風土記』全一巻を、大幅に増補改訂したものである。藩では大老の玄宰を総裁に編集役場を設置、領内の町、村から「地志編集書上」を提出させ、これを基に調査を深め界域、山川、水利、神社、寺院、土産、人物、古蹟など一六項目に分け各町、村ごとに詳述している。また藩士や村民の所蔵する古文書を所載、絵図も描かれている。文化六年完成し幕府に献上された。

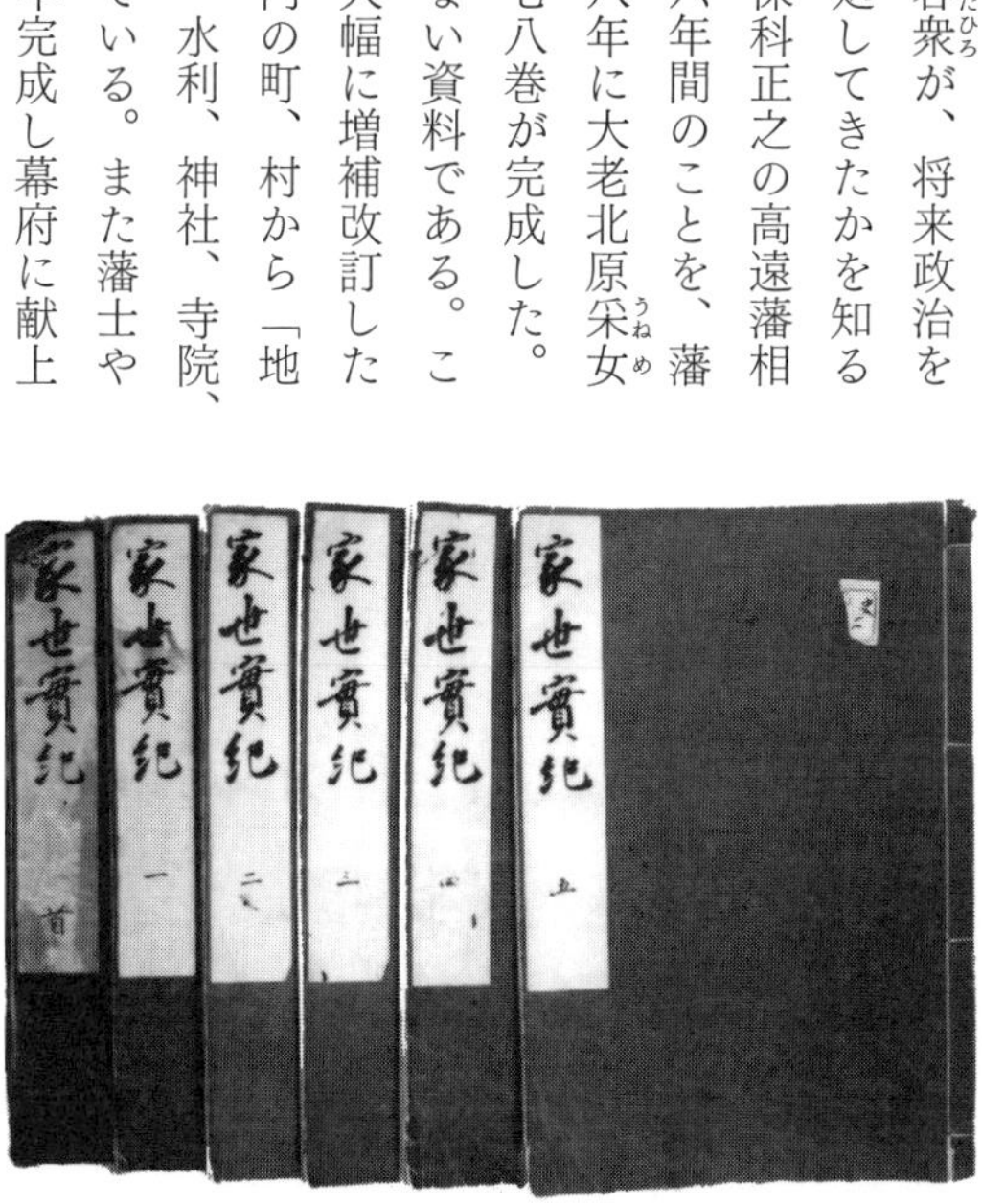

会津藩『家世実紀』

最後の大仕事

田中玄宰は五代から七代まで三人の藩主に仕えたが、その間文化二年（一八〇五）会津藩に大変な危機がおとずれた。六代目を継いだ容住《かたおき》が在位わずか五カ月で病没したのである。まだ二十八歳であった。七代目はわずか三歳の容衆《かたひろ》が継いだ。幸い子どもがいたから助かったものの、いなければお家断絶、藩主の家族はもちろん、家臣やその家族、家臣の家臣（又者《またもの》あるいは陪臣ともいう）まで含めれば約二万人が一挙に失業してしまう。泰平の世の中、どこも新たに失業武士を雇う余裕はない。そのため藩主は多くの夫人を持ち、お家存続に腐心したのである。この時代子どもの生存率はかなり低い。容衆が成人するのはまだずっと先の話。第一無事に育つかどうかもわからない。しかも子どもは容衆しかいない。そこで玄宰はとんでもない案を考えた。

その頃御三家の一つ水戸徳川家の次男に義和《よしより》がいた。二十九歳の時文化元年（一八〇四）義和は美濃高須藩に養子に行くことに決まった。ところで義和には子どもがすでに三人おり、上の二人は高須に連れていったが、三男の等三郎は残された。それを知った玄宰は密かに水戸藩家老と相談、等三郎を容衆の弟として貰い受けることになった。翌二年十二月容住が亡くなると、玄宰はその側室が懐

六代藩主松平容住

七代藩主松平容衆

妊していたと幕府に届け出た。そのため等三郎は享和三年（一八〇三）十二月の誕生であるのに、会津藩では文化三年（一八〇六）四月生まれとして正式発表された。貰い子にはもちろん反対者も大勢いたが、お家のためには認めざるを得なかった。容衆は玄宰の危惧が不幸にも的中し、文政五年（一八二二）二十歳で子がないまま亡くなり、貰い子の等三郎、改め容敬《かたたか》が八代目を継ぐことになった。会津藩のお取り潰しは免れたが、初代保科正之以来の純粋な血はこれで途絶えることになった。玄宰の亡くなったのはそれより前の文化五年（一八〇八）であり、改めて玄宰の周到さが感心された。

いとけなき　君につかふる枕には　涙かはける　あかつきもなし　　玄宰

享和三年玄宰は大老という藩最高職に登りつめていたが、半年の間に二人の藩主を送り、幼少の藩主容衆や藩の将来を考える玄宰の苦労は並み大抵のことではなかった。文化五年（一八〇八）、遠く蝦夷《えぞ》、樺太警備に派遣した千六百名の藩士の安否を案じながら、玄宰は八月七日ついに六十一歳でその生涯を閉じた。玄宰の、長くお城と日新館とを望み得るところに葬れとの遺言により、城東小田山の頂に葬られた。

田中玄宰の墓（小田山）

お国自慢

ここにもいた会津人①

近世・近代日本を彩る会津出身者たち

忠臣蔵で知られる山鹿流軍学の祖 山鹿素行《やまがそこう》（一六二二〜一六八五）

山鹿家が寄寓していた蒲生家の重臣町野幸和の邸宅で生まれる。蒲生秀行の死後、父貞以《さだもち》とともに那須へ、さらに江戸に移住する。

学問に励んだ素行は八歳の頃には四書・五経・七書・詩文の書を読み終え、寛永七年（一六三〇）に小田原城主稲葉丹後守正勝を頼って林羅山の門に入る。素行は儒学だけでなく、あらゆる学問に邁進し、兵学、老荘の学、神道、国史などを学んだ。兵学は一二歳の頃から学び、一五歳の頃には甲州流軍学者小幡景憲に入門、二一歳で兵学の印可を受ける。将軍家光からの仕官依頼もあったが、家光の死により頓挫した。

承応元年（一六五二）、以前より親交のあった赤穂城主浅野長直に一千石で江戸にて仕えることになった。しかし寛文六年（一六六六）突然赤穂藩への流罪が言い渡される。これは会津藩主保科正之が、朱子学を批判する素行の言動を抑えるためにとった処置だと言われている。

会津稲作を確立した日本農学の祖 佐瀬与次右衛門《さぜよじえもん》（一六三〇〜一七一二）

遠祖は佐原義連の家臣仁科氏と伝えられ、保科氏入封の際、佐瀬姓に改めている。一五歳の若さで幕内村《まくのうち》肝煎（名主）名代職を勤めた。幕内村は、開村以来たびたびの洪水に曝され、何回か村を移している。水害の危険は常にあり、村作りの課題は堤防を築き、潅漑用水の確保であった。与次衛門は若い頃からこれらの課題に奔走し、貞享元年（一六八四）、五五歳のときに『会津農書』上・中・下巻を完成。これは近代的な科学実証をもとにした卓越した農業技術書であった。七五歳のときには『会津歌農書』も著している。

近代日本社会事業の草分け 瓜生岩子《うりゅういわこ》（一八二九〜一八九七）

喜多方の油商の長女として生まれた。戊辰戦争が起こった時、負傷者の溢れる若松に駆けつけ、東軍西軍の別なく手当てをし、看病した。戦後の混乱が続く中、目標を失った武士の子のために、土地の有力者に働きかけ、喜多方の小田付に「幼学校」を作った。その後も福島救育所を設立するなど、福祉事業を広める。その後官の力を借りながら、積極的に社会福祉を展開し、女性として初めて藍綬褒章を受けた。

人脈を駆使して藩外交を担当 秋月悌次郎《あきづきていじろう》（一八二四〜一九〇〇）

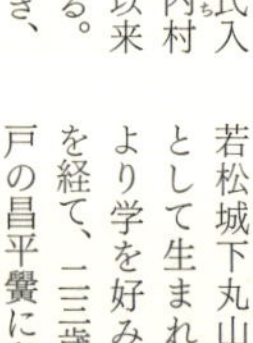

若松城下丸山家の次男として生まれる。幼少より学を好み、日新館を経て、一三歳の時に江戸の昌平黌に留学する。その後藩命により、関西、九州の各藩を視察し長岡藩河井継之助らと知りあい、帰藩後に『観光集』七巻、『列藩名君賢臣事実』を著す。当時築いた人脈を幕末期に大いに活用し、外交の任を果たす。熊本第五高等中学校教授の時には、ラフカディオ・ハーン（小泉八雲）とも親交を温めた。

漆樹栽培を再生させる 初瀬川健増《はっせがわけんぞう》（一八五一〜一九二四）

慶応元年（一八六五）頃に初瀬川家に入り、村の肝煎や各種村長、地方議員を歴任する。一方で、戊辰戦争敗戦後、荒廃した山林により衰退した漆器産業を建て直すべく、漆栽培研究に打ち込む。藩政時代の蠟漆制度についてまとめた『会津藩蠟漆制度秘書』二冊を農務省に献納。一八八六年に『漆損取法』を出版し、パリの万国博覧会に「会津漆樹栽培書」を出品。賞を受賞している。

第五章 日新館とその教育

教育の改革、その目的とするところは人づくりにあった。

1 藩校日新館

朱子学から、より実践的な学問を追究する玄宰は、徂徠派古屋昔陽を招いた。文武両道、藩士皆教育を目指し、藩校日新館を設立する。プールや給食、はたまた江戸への留学制度など、さまざまな制度を導入。人材育成は急がれた。

人材の育成のために

日本有数の藩校日新館は今から約二百年前の享和三年（一八〇三）に完成をみた。五代藩主松平容頌《かたのぶ》の末期にあたるが、容頌は七歳で家督を継ぎ、六十二歳で亡くなるまで五十六年間という歴代藩主の中で一番長く政権を担当した。容頌の時代は天明の飢饉や藩士らの怠惰、腐敗などがあり、また財政的にも非常に厳しい時代が続いた。そこで容頌は田中玄宰の意見を採り入れ寛政の改革を断行した。中でも教育改革は大きなウェートを占めていたが、その目的とするところは人づくりにあった。

日本初の民間の学校・稽古堂

そもそも会津藩の教育の原点となったのは寛文四年（一六六四）に建てられた、日本初の民間の学校といわれる稽古堂《けいこどう》に遡る。公立、藩の建てた学校で一番古いと言われるのは岡山の閑谷《しずたに》学校であるが、稽古堂の創立はその四年前である。この稽古堂は当時としては画期的な、民間の民間による民間のための学校であった。農工商はもちろん、時には藩の侍たちも来て学ぶことがあった。田中玄宰《はるなか》の祖正《まさ》玄《はる》も聴講生の一人であった。

その教科内容は詩文、和歌、医学、儒学、経学など多岐に渡った。堂主は肥前生まれの禅僧無《む》為《い》庵《あん》如黙《じょもく》、ほか教師二、三人であたった。時の藩主保科正之《ほしなまさゆき》もこの学校の誕生を喜び、税金免除の無年貢地とし、さらに建物の修繕料を与え援助した。学校を建てたのは正之及び、その前の領主加藤氏に仕えた儒学者横田俊益《としやす》で、民間からの寄付を募り開校したのであった。その後、稽古堂は町外れにあったことから通うのに不便ということで、元禄二年（一六八九）三代藩主松平正容《まさかた》により甲賀町口郭門外に、公立の町講所として移された。このため稽古堂は二十六年でその使命を終え、公立の学校に発展的解消を遂げた。

稽古堂址碑

侍の学校・講所

一方、侍の学校は稽古堂に遅れること十年、延宝二年（一六七四）二代藩主保科正経《まさつね》の時代、本一之丁に郭内講所《かくないこうしょ》として設立された。しかしこの頃の侍はあまり勉強が好きではなかったと見え、わずか四年で誰も通わなくなってしまった。校舎は藩の記録所、また幕府役人の宿泊所に当てられるという有り様であった。それから十年、郭内講所が再び整備されることになった。かつて儒学者山崎闇斎《やまざきあんさい》★が正之に献上した由緒ある孔子像を安置する聖堂《せいどう》も建てられた。

その後、天明八年（一七八八）五代容頌《かたのぶ》の時代の改革により、従来の郭内講所を整備拡張し、ここを東講所とした。さらにお城の西に西講所を新たに建て、二つの学校体制として、藩士十歳～十八歳までの就学を義務付けた。

同じ年、稽古堂の流れを汲む町講所は北学館と改称され、この時から民間人は締め出され中・下級藩士の学校とされた。城下の南、花畑にも南学館が建てられ、合わせて四校体制が整った。

▼山崎闇斎（一六一八～一六八二）
垂加《すいか》神道の創始者。保科正之の師。

孔子像

北学館

古屋昔陽の招聘

玄宰による教育改革は順調に進んだが、宿願であった徂徠派の学者古屋昔《ふるやせき》陽《よう》の招聘がなかなか実現しなかった。これまで容頌は、藩祖正之が進めてきた朱子学と異なることを理由に、難色を示していたからである。徂徠学とは「学問をすること自体が人間の目的ではなく、学問を使って民を安からしめ、世を救うこと」を狙いとするものであった。このため学力増進を図る等級制、多数科目制を導入し、学問を社会繁栄、国家興隆のための道具と考えるものとして、玄宰の狙うところと合致したのである。この点「学問すること自体を目的」とする朱子学とは相容れないものであった。

寛政三年（一七九一）二月、昔陽はようやく若松に到着、一カ月の間東講所で講義を行い徂徠派が広まることになった。藩では昔陽の意見を採り入れ学校の職制の整備が進められ、従来の学校奉行は大司成、儒者を司業、句読師を誦師などに改め、職分を明確にした。

学校の流れ

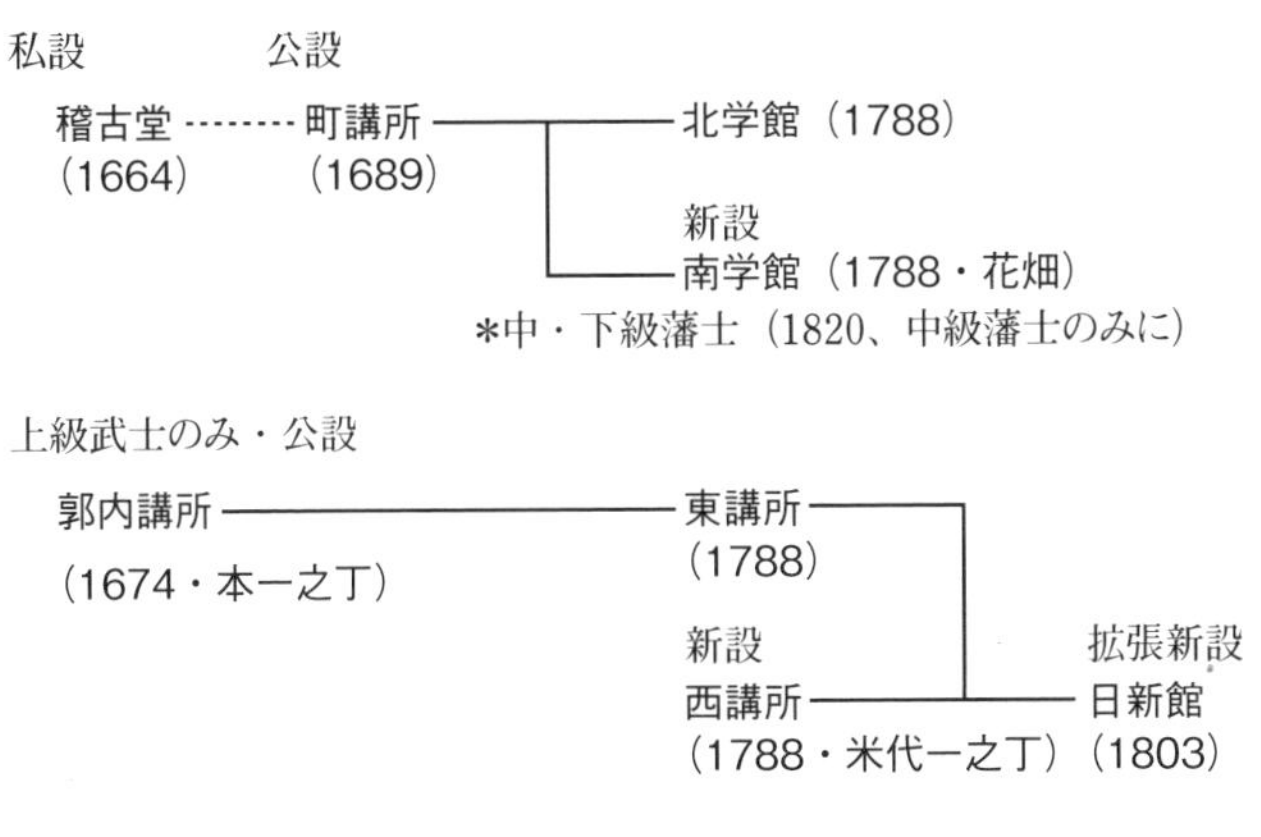

日新館誕生

上級武士の通う学校、東西の講所はいずれも藩士の家を補修したもので、学校としてはあまり効率的なものと言えなかった。そこで東西の講所を一つにまとめ、新たな学校を建てることになった。それが日新館である。場所は従来の西講所の所で、五軒の武家屋敷を移転させ、東西一二〇間、南北六〇間、約七千二百坪という広大な土地に学校を建設することになった。この計画を知った御用商人須田新九郎は、ご恩に報いるためとして莫大な経費の寄付を申し入れた。藩はこれを受け入れ、新九郎を学校普請方勤として扶持を与えた。

工事は寛政十一年（一七九九）四月から始まり、最後の大成殿が完成するまで五年を要した。名称は『書経　湯之盤銘』より「日々新而又日新」から日新館と名づけられた。この時代ともなると各藩でも藩

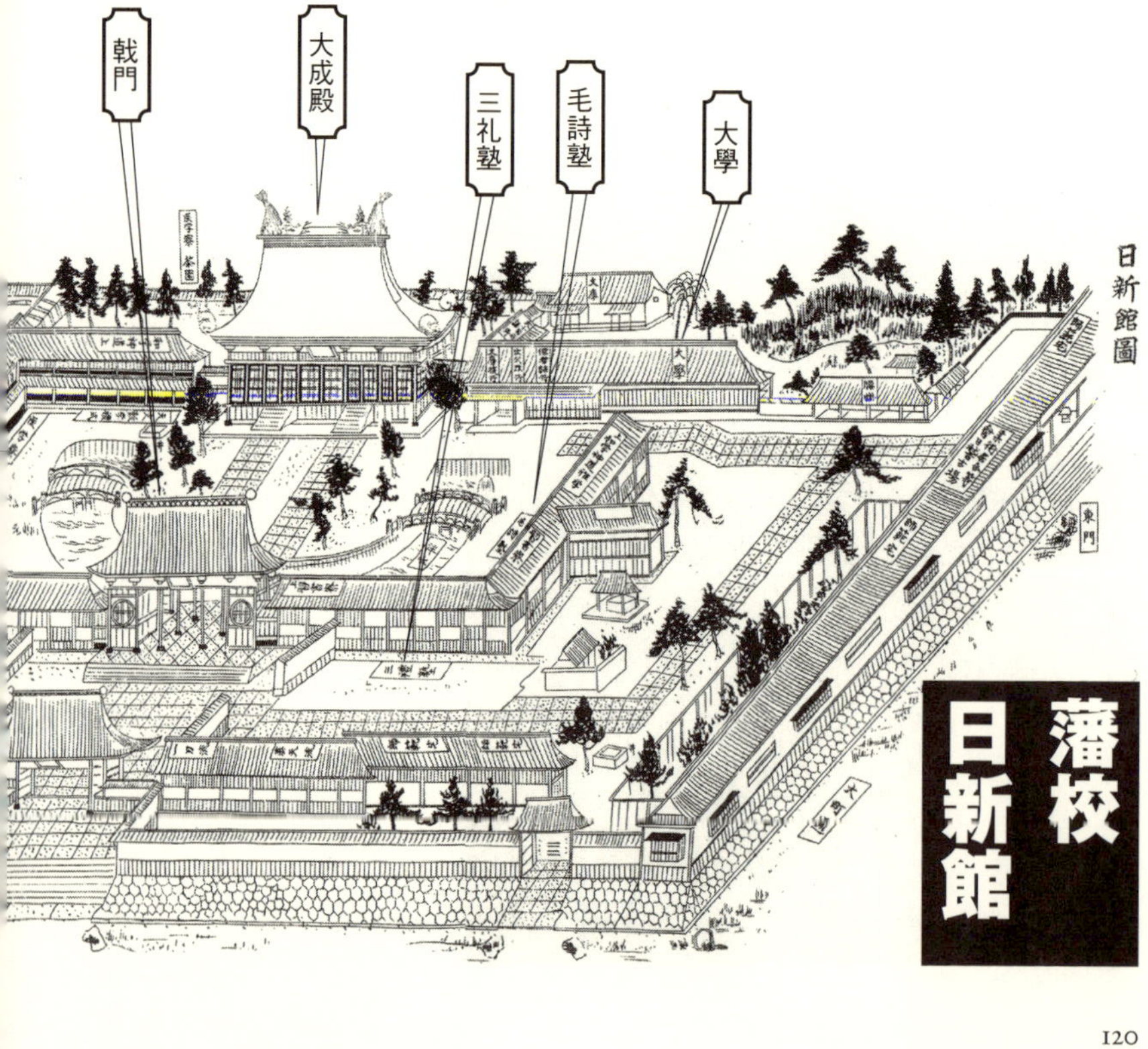

校は設置されているが、日新館は面積はもちろんだが、もう一つ大きな特色があった。普通は藩校というと文、学問を学ぶ所であるが、日新館は文武両道、武道、体育も学ぶ学校であり、剣道場、弓道場などの他プールまで備わっていた。

集団登校

日新館へ通う生徒は上級武士の子弟であるが、常時千人は通う大規模校であった。時代によっても異なるが十歳で入学する。毎月一日が入学日であった。最初に入学するのが素読所で、これは正面の門を入り戟門《げきもん》の右側に三礼塾《さんれいじゅく》、毛詩塾《もうしじゅく》、左側に尚書塾《しょうしょじゅく》、二経塾《にきょうじゅく》があり、それぞれ二組、計八クラスあった。その組分けは居住区域ごとのクラス編成となっていた。登校の際は生徒同士誘い合って集団登校する。授業は五ツ時大体八時から始まる。この時代は不定時法、太陽が出た時が明け六ツ時、太陽が沈むと暮

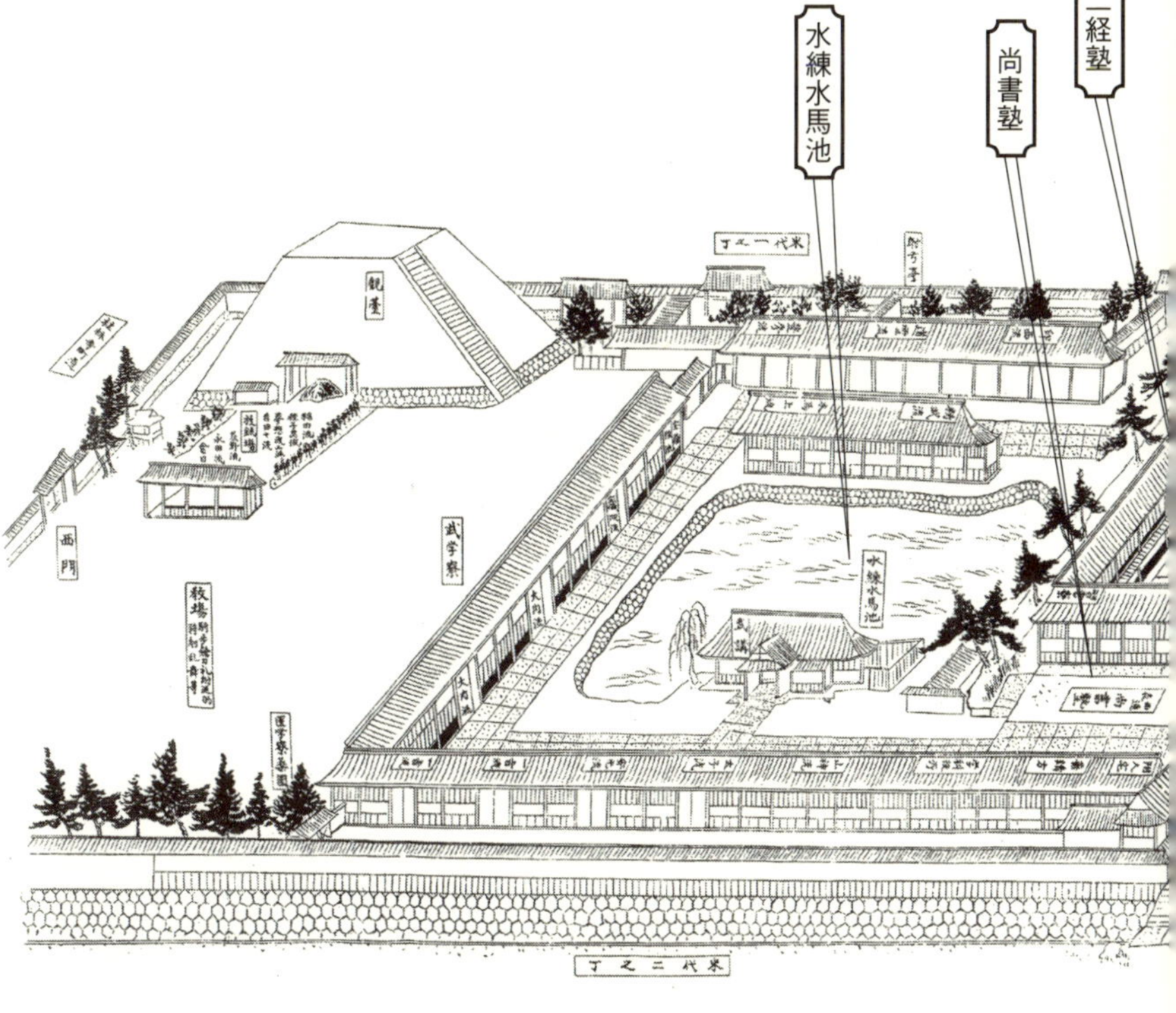

れ六ツ、今は六時頃としているが、夏は日が長いので授業時間も長く、冬は短くなる。

中・下級藩士の学校、南北の学館は郭外にあり、それぞれの地域の生徒が通った。授業内容は日新館よりは簡素で、素読、書道、算盤、武道は剣道、槍術、鉄砲などを習った。

飛び級

素読所の塾名を見てもわかる通り、日新館は儒学を基本とした学校であるから、教科書は中国の四書五経、論語、孟子、中庸、大学などを使用した。素読所は四等級から一等級で、三等級からは試験があり、これに受からないと進級できない。したがって個人ごとに進級度合いが違ってくる。平均的には十八歳で一等級卒業となっていた。中には十四歳位で一等級を卒業する出来の良い生徒もいたが、年に二、三人しかいなかった。★

また進まなければならない基準も身分によって定められており、例えば身分的には上の中クラス三百～五百石取りの長男は二等級、五百石取り以上の長男は一等級まで進むことが義務付けられていた。年をとっても進級できないと、小普請《こぶしん》料《りょう》といって百石につき年二両を出させ、藩の役職につかせず勉学を続けさせた。

日新館の教科書

▼日新館の優等生
中でも優秀な生徒は高嶺秀夫で、神童とも称されなんと十二歳で大学に入学した。その後明治になって秀夫はアメリカに留学、教育学を学んだ。東京高等師範学校校長などを歴任、日本の師範教育の基礎を築いた。

成績の悪い生徒は長男は三十五歳、次男以下は二十一歳まで勉強しなければならなかった。

十二歳になると素読所の二階の書学寮において書道の勉強が始まる。これも礼式★とともに必修科目であった。おおよそ十八歳まで習うが、これも四階級あり、流派もいくつかあり自分で選ぶことができた。毎年冬至の日には一昼夜習いがあり、朝の六時から翌朝の六時まで、二十四時間書き続けることも二等級以上の生徒に課せられた。

大学生

素読所を卒業すると、成績優秀者はその上の学校、大学（講釈所、至善堂ともいう）に通う。今の課程からすると高校中級から大学院クラスにあたり、人数も厳選される。大学は下等、中等、上等の三学年で、授業内容は同じく儒学中心。解釈や研究、討論、漢詩の作文などがある。中等で成績優秀な生徒には留学の道も開けていた。もちろん外国ではなく、江戸の昌平黌《しょうへいこう》である。ここには全国の藩から選抜された優秀な生徒が集まり、定員は四四名の全寮制であった。弘化三年から慶応元年までの二十年間に入寮者が五〇五名、うち会津藩からは二〇名も入学した。中でも幕末に会津藩の公用人（外交役）、明治には熊本五高の教師を

▼礼式
小笠原流の礼式で九階級からなる。嫡子は三等級まで必修であった。

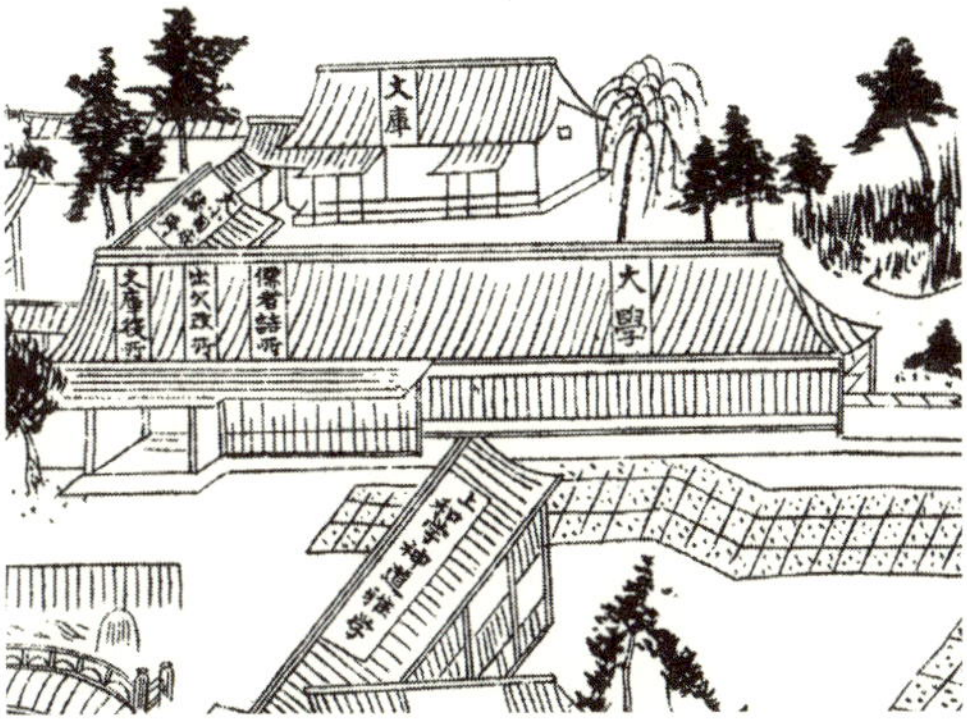

日新館・大学

務めた秋月胤永《あきづきかずひさ》（悌次郎）と東京帝国大学教授となった南摩《なんま》綱紀《つなのり》の二人は昌平黌の舎長、今で言う生徒会長にまで推された。

選択科目

日新館での教科は選択科目として神道、和学、天文、医学、数学から音楽に相当する雅楽まであった。中でも数学は十三歳から習うことになっていたが、白虎隊士でのち東京、京都帝国大学総長などを歴任した山川健次郎は「数学などやる者は武士の風上にもおけない」風であったと、のちに語っている。健次郎は明治に入り、アメリカ留学前の十七歳でようやく九九を覚えたという。また日新館では日本史や地理といった学科が、まったくなかったのは欠陥であったとも述べている。

　日新館の西北角には観台といわれた天文台もあった。毎年冬至の日には「会津暦」を発行する諏方神

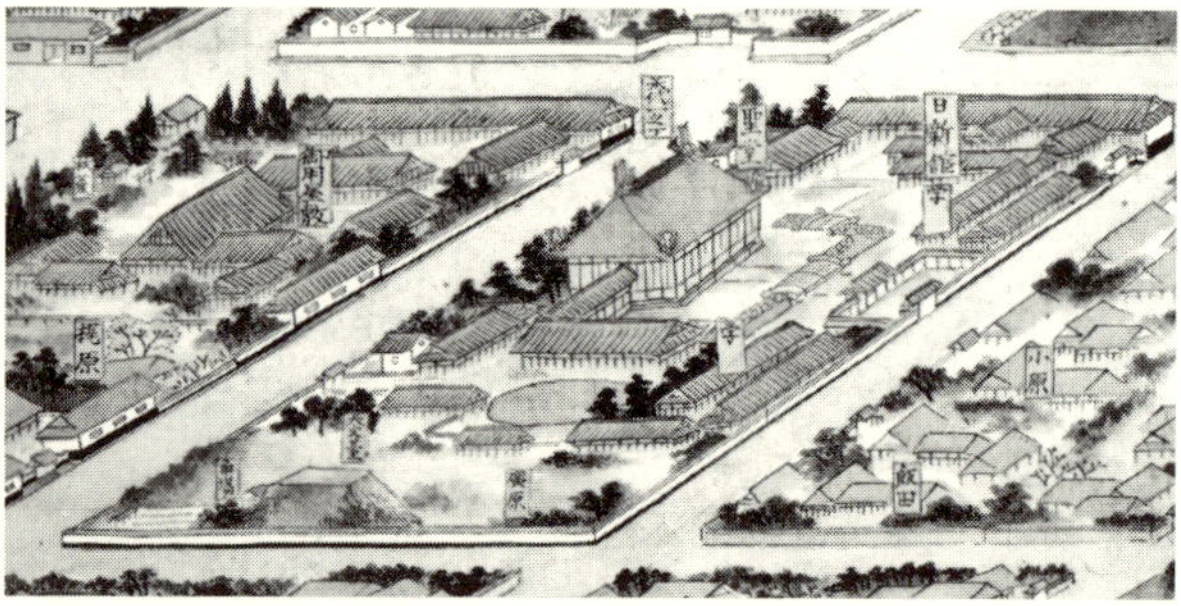

左下が天文台

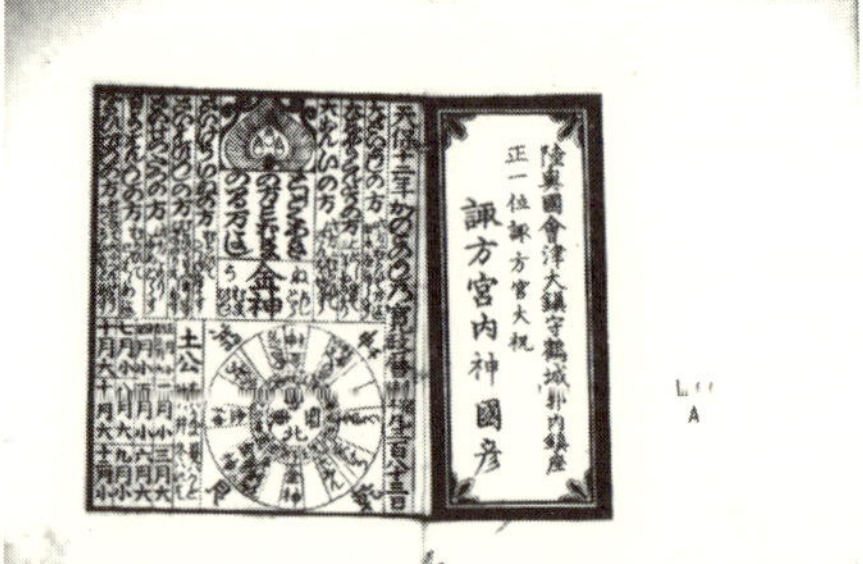

会津暦

社の神官や天文方の師範が、来年の天候を予想して藩に提出することになっていた。ただし天文も数学同様に学ぶ者は少なかった。日新館は戊辰戦争で焼けてしまったが、現在でも天文台の一部だけが残されている。

武道

一方武道であるが、生徒たちは文と武、どちらを好んだかというと、当然武であった。当時の風潮として「文事なきは恥とせず、武事なきは恥とする」とされた。これは槍刀を以って奉公する侍のことであるから当然であった。

武道は十四、五歳頃から始め、刀、槍、弓、馬の四つが必修科目で、それぞれ流派がいくつかあり選ぶことができた。階級も流派により三～五階級あったが、日新館の授業だけでは腕も上がらないので、宅稽古といい先生の自宅の稽古場に通い習っていた。城下にはこうした私塾★が文武合わせて百近くもあった。

この必修科目、刀・槍・弓は皆当然持っているが、馬は上級武士といえど全員飼っていたわけではない。なぜかと言うと馬を飼うには相当の経費がかかったからである。日新館で習う時は藩の馬が借りられたが、自分で馬を飼うのは大変であった。当然餌代がかかるが、これは餌代として藩から毎月大豆一俵が支給された。もちろんこれだけでは足りない。例えば侍が登城したり、参勤交代のお供や

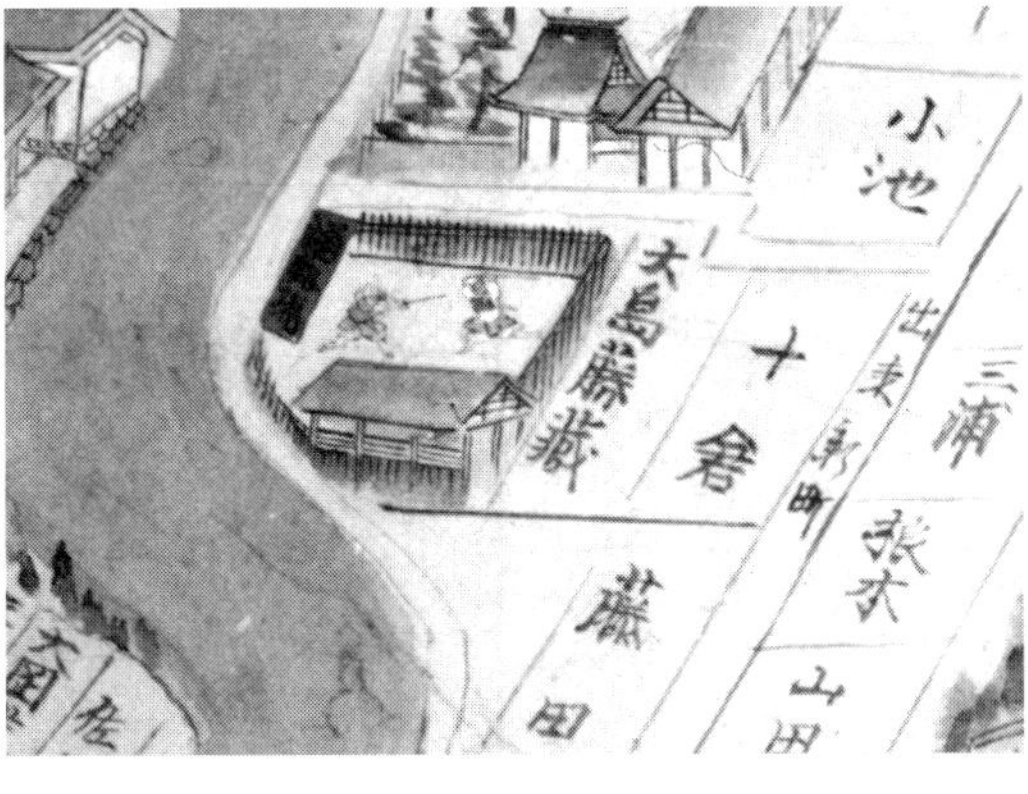

剣道の塾

▼私塾
武道の塾には剣、槍、弓のほか砲術、柔術、居合、薙刀、手棒、鎖鎌、水練、壇術（刀の試し斬り）、手裏剣、木棒、捕手、体坐（柔術の一種）、三つ道具などがあった。

出掛ける時、侍が一人で馬に乗って行くわけにはいかない。馬の口取り、沓持ちなどの中間《ちゅうげん》人足を必ず必要としたのである。馬にはそれに付随する人件費も必要であった。ということで藩では三百石以上の藩士、百数十人には馬を飼うことを義務付けたが、それ以下は希望者とした。それでも馬は軍事上からも、侍の見栄からも必要であり、飼っている侍も結構いた。この頃会津地方には馬が一万七千頭、対して牛はわずか五百頭しかいなかった。

武道の選択科目

武道の選択科目には砲術、柔術、居合、水練などがあった。日新館には鉄砲の練習場もあったが、上級武士は飛び道具、いわゆる鉄砲や大砲などは卑怯な道具、足軽クラスの持ち物と思っていたのでほとんど習わなかった。鉄砲隊を指揮しても、自分はそんな物は持てない、という考えが染み付いているから近代戦では勝負にならない。上級武士の戦いの理想とするところは、まず遠くの敵に対して弓で渡り合い、次に馬上で槍を振るい敵を追い散らし、最後接近戦で刀で切り結ぶ、という古来からの正々堂々とした戦法を学んできた。これが軍備の近代化に大きなマイナスとなったことは、戊辰戦争で証明されてしまった。会津藩にも山《やま》本覚馬《もとかくま》や八重子兄妹★のように先進的な考えを持ち、鉄砲や砲術に長けた者もいた

▼山本覚馬、八重子
覚馬は幕末洋式砲術を研究、鳥羽伏見戦で薩摩に捕らえられ幽閉中盲目となる。維新後は初代京都府議会議長となり近代京都の発展に寄与した。八重子はその妹、戊辰戦争で籠城中、男装し鉄砲を持って活躍、明治九年新島襄と結婚、同志社の創設に協力した。

が、ついに主流にはなれなかった。

日本初のプール

日新館の中には水練水馬池という日本最初のプールがあった。広さは四六〇坪、真四角ではないが大体四〇メートル四方もあった。夏の暑さを凌ぐレクリエーションのプールではなく、学校の施設であるから軍事訓練のためのものである。であるから時には鎧《よろい》、兜をつけたままとか、馬に乗ったまま飛び込むことも行った。この水練水馬池では文字通り、馬も水泳の稽古を行ったのである。また時には膳を持ち込んで泳ぎながら食事をしたり、筆で書や絵を書く侍もいた。

泳法は向《むか》井《い》流《りゅう》★が採用されていたが、水泳訓練は幕末江戸湾警備の際活かされることになった。弘化四年（一八四七）会津藩は黒船来航に対し安房、上総を持ち場として江戸湾警備を命じられた。目の前が海であるから、泳ぎに覚えのある藩士は海で泳ぐという貴重な体験をした。嘉永元年（一八四八）三人の藩士が富津、竹ヶ岡間四里（一六キロメートル）を完泳した記念の絵馬も残されている。

水練水馬池

▼向井流
幕府の向井将監の門「向井流水法」に学び会津藩に定着した。波音を立てず、遠距離にも耐える軍事泳法。戊辰戦争後、会津藩の瓦解により向井流水法も消えていたが、北海道小樽で旧会津藩士がこれを伝えていた。現在は小樽の師範により、会津に水法が里帰りし、毎年講習会が開かれている。

これも会津

日本初の学校給食

　近代的な学校給食の事始めは、明治二十二年に山形県鶴岡の貧民学校で昼食を出したのが始まりとされる。でも学校給食が普及するのはずっとのちのことで、食糧事情の悪くなる太平洋戦争前頃からという。ところが会津藩ではそれより遥か前に給食を実施していた。もっともこの給食は一時的なものであったが、行わざるを得ない状況に陥ったからであった。

　文化三年（一八〇六）会津藩は極度の財政難に陥り、この打開のため窮余の一策として賄い扶持（面扶持《つらぶち》とも）という制度を導入することになった。これは今までの給料表はいっさい無視、藩士とその家族一人につき一日米五合のみの支給と決めた。一日五合とは一人扶持のことで、月にすると一斗五升、一年では一石七斗七升余、六〇キログラム入りの俵で四俵半になる。一日五合だと食べるだけなら間に合うが、この米でいっさいの生活を賄う必要がある。これでは弁当も持たせられないということで、日新館で給食を行うことになった。ただし財政難に変わりはないので、贅沢な献立などできるわけはない。

　通常は一汁一菜、この菜も香の物、つまり漬物だけ。汁は青菜か豆腐であった。それでも月に二回は干し魚か塩鮭が出されたが、塩鮭などは親指くらいのものがたった一切れだけ。ただしご飯は一人当たり二合半と、かなりの量であった。給食の恩恵に与ったのは約六百人、十歳〜十四歳の幼年組は午前中に帰されたので給食にはありつけなかった。藩ではこのため六百人分のお椀、飯炊き用の釜などを買い入れた。釜も特大の二斗五升炊きで、ご飯炊きのための用務員、夫丸《ぶまる》を五人新たに雇い入れた。この給食制度は文化五年（一八〇八）会津藩が蝦夷樺太警備の命を受けたため賄い扶持を中止、そのため給食も二年間で取り止めとなった。

日新館での学習風景

②幼児教育制度

就学前の子ども達は、「什」というグループの中で過ごすことになる。
「什」には厳しい戒律と掟があり、それを破ることは決して許されることではなかった。
藩主も自ら『日新館童子訓』を編纂、忠孝悌敬信を子どものうちから教えた。

女子教育

さて今まで記したのは男の部、日新館はもちろん男女共学ではない。では女子教育はどうなっていたかというと、「女に学問はいらぬ」という時代であるから女子校などはなかった。教育では先進的な会津藩でも、女子に対する教育制度はなかった。

では教育はどうしていたかというと、各家庭で祖父母や父母が教えたり、裕福な家では家庭教師を雇ったりしたが、いずれそれほどの教育は受けられなかった。しかし武道、とくに薙刀《なぎなた》★は習い、女子による対抗試合なども行われた。

それでも寛政三年(一七九一)に儒学者の上田文長が、女子教育の意見書を提出したことがあった。それは五十歳位の品行方正な婦人を教師にして、未婚の女子を対象とするというものであった。極めて卓見な意見書であったが、実はこの頃、

▼薙刀
文政末頃、城下本一之丁の堀家で火災が発生した。この時、水戸藩士斎藤弥九郎がこの火事に遭遇した。弥九郎は会津藩の婦人たちが白鉢巻に薙刀を引っ提げ警戒にあたるのを見て、さすが会津藩と感心したという。

会津領内それも都市部において少子化が問題になっていた。農村では以前から貧しさによる間引き、堕胎が問題となっていたが、この頃にはそれが町方で違う形で流行してきたのである。これは子どもをたくさん産むと女性は手間も気力も遣う。そのため夫に勧めて子どもを産む数を少なくしてきている、こういう風潮が民間から武士の家庭まで及んできている、ということであった。

文長はこの悪習を止めさせるには、女子の教育が必要と考えた。それも指導者層である武家の子女を結婚前に教育することで、自然民間にもそれが将来的に波及するであろうと考えた。そこで婦人教師を結婚の決まった女性の家に派遣し、夫への仕え方、舅への孝養、男女の別などを教えようというものであった。教育を施すことで心を清くし、恥を知ることで悪弊をなくそう。自ら恥じる心を生じさせなければ結果も現れない、というものであった。しかし残念ながらこの意見書は採用されることはなかった。

幼児教育

侍の子どもたちは日新館入学前は自由に遊べたかというと、そうではなかった。六歳になると町内のグループ「什《じゅう》」に入らなければならなかった。什の集まりは午後からで、午前中は入学前の準備として素読、本読みの事前学習を行った。

午後は毎日、当番の家に集まり「お話」と「遊び」が始まる。まずお話は全員正座の上、最年長者、と言っても九歳の什長が心得、七条の什の掟★を話す。

一条ごとにお辞儀をし、最後に「ならぬことはならぬものです」で締める。それが終わると什長が、誰かこれに違反した者がいないか質す。もし違反者がいれば罰が与えられる。軽いものは「無念《ぶねん》」といい、皆の前で「無念でありました」といい頭を下げる。その上は手が腫れ上がるほどのシッペイ、決して手加減はしない。そんなことをしたら什長から大目玉を食う。冬は裸足で川を渡らせたり、雪に埋めることもあった。一番重い罰は派切りという仲間はずれ。こうなると親が九歳の什長に詫びを入れないと許してもらえない。このあと外で夕方、什長が解散を宣言するまで一緒に遊ぶ。

こうして什の幼年グループは年長者への礼儀と尊敬、同年者との友情を自然に身につけさせる。武士としての日新館教育の前に、自然の遊びのうちに人の道、社会人としての基本を習う。この年代は家の石高、格式などは問題にされない。あくまで長幼、年齢の順で序列が決まる。上下一歳違いは呼び捨て仲間といい、互いに名前を呼び捨てにするが、二つ違いでは上であっても、下であっても「誰様」と敬称をつけた。

▼什の掟

掟は全文が各組共通一律なものではなく、これを基本として組独自のものや、またその時の什長の判断によって多少の違いがあった。

一、年長者《としうえのひと》の言うことに背いてはなりませぬ
二、年長者にはおじぎをしなければなりませぬ
三、うそを言うてはなりませぬ
四、卑怯な振舞いをしてはなりませぬ
五、弱い者をいじめてはなりませぬ
六、戸外《そと》で物を食べてはなりませぬ
七、戸外で女と言葉を交わしてはなりませぬ

ならぬことはならぬものです

『日新館童子訓』

この什の教えは九歳までの幼年組のものであるが、その上のクラス用に、より詳細にまた具体的にわかりやすく教える目的で編纂されたのが『日新館童子訓』である。五代藩主松平容頌が、日新館が成った翌年文化元年（一八〇四）に印行、上下二巻五十三章から成り学校はもちろん、各家庭においても子弟教育の中心におかれた。『童子訓』は会津藩の青少年教育の根本指針とされ、子どもたちに大きな精神的影響を与えた。毎月二日には日新館で音読口授、十二日には講義が行われた。素読所で習う教科書は漢字だらけの文章であるのに対し、この『童子訓』は日本語で書かれたやさしくわかりやすいものであった。

その内容であるが小学や礼記《らいき》などの儒学書から基本となる文節（漢文）を選び、その趣意をやさしく説き、最後にその趣意に沿った古今の実話で構成されている。その実話も忠義の臣、孝子、節婦、貞女など士農工商、身分階級に関係なく、国内から選んだ物語を一～四編載せている。またその七五話中一九話が会津領内から採られ、より親しみやすいよう工夫している。

この意図するところは「忠孝悌敬信」にある。まず最初に三大恩「それ人は三つの大恩ありて、生をとぐるなり」とあり「父母これを生じ、君これを養い、師

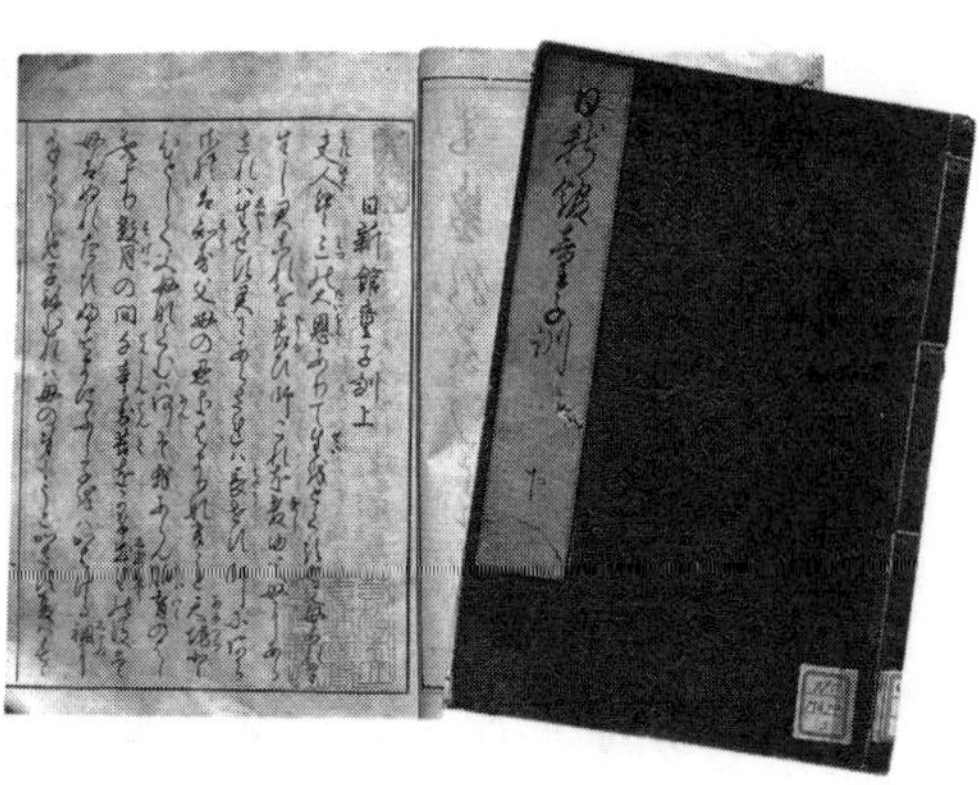

『日新館童子訓』

これを教う」と巻頭に記す。更に「この大恩を報うる事を身に行わず、父母に孝なく、兄に悌（兄弟に情け）なく、君に忠なく、師に敬なく、友に信なき者は、たとえ万巻の書をそらんじ、多能多芸なりとも何の用をかなさむ」というもので、修身道徳の副読本ともいえるものである。

忠孝悌敬信、どれも大切ではあるが、このうち侍にとって一番大切なものは忠、忠義であった。武士は自分はもちろん、家族を犠牲にしてまでも殿様を守らなければならない。第一章の加藤明成の家臣堀主水の項でも記したが、家臣は死を以ってしても殿様に尽くさなければならない。

戦国時代においては主君と家臣の結びつきはそれほど精神的なものではなかった。力のある侍は自分を高く評価してくれ、高い給料で、あるいは高価な茶道具などをくれる領主につき、勤務先・主君を替えることもしばしばであった。

しかし徳川の世になると、たびたび主君を替えられては困る。主君と家臣の結びつき、それも物質的なものではなく精神的な堅い結びつきを求めた。そのため幕府はそれに最適な教え、儒学を導入し広めていったのである。

幼年者心得

『童子訓』が編纂された翌年、いくらやさしく記しているとはいえ、幼児にこれを教え実行させるのは少し無理があるため、その要所を抜粋した「幼年者心得の廉書《かどがき》」十七条が作られた。これは『童子訓』に基づいた日常生活の具体的な作法や心得を記述したものである。武士の子どもとしての道を、朝起きてから夜寝るまでの日常生活の実践に基づき、痒《かゆ》い所に手の届くよう懇切丁寧に教えている。これを単に教えるだけでなく、実践することで、知らず知らずに忠孝悌敬信の道に達し、自覚していくのである。

このうち何条か記すと

一　毎朝早く起き、手を洗い口すすぎ梳《くしけず》り、衣を正しうして父母の機嫌を伺い、年齢応じ座中を掃除し、客の設《もう》け等致すべし

二　父母および目上の者へ、朝夕食事の給仕茶煙草の通いすべし、父母一同に食するならば、父母の箸を取らざる内は食すべからず

三　父母および目上の者の出入りには必ず送迎すべし

四　出る時は父母に見《まみ》え暇《いとま》を乞い行き先を告げ、帰る時も同じく其の旨を告ぐべし、凡《すべ》て何事も父母に伺い己《おのれ》専《もっぱ》らになすべからず

略

十　人を誹《そし》り、人を笑い或いは戯《たわむ》れに高きに登り、深きに臨み危《あやう》きことなすべからず

十一　凡て学習のこと、先ず貌《かたち》を正しく己を謙《へりくだ》りて敬いて其の業《わざ》を受くべし
以下略★

こうしてみると如何にも品行方正、行儀正しく学校、また家庭生活を行っているようにみえる。日新館の授業もさぞ静かに勉強していると思われるであろうが、素読所では各自進級度合いが違うと記した。しかも四等級から一等級までの生徒が同じ教室で学び、教科書を大声を出して読む。何人もの生徒が一人ひとりテンデンバラバラに読むから、大変な騒ぎの中での授業となる。読み方や意味のわからない所は先生に聞きにいく。その際も教科書のその箇所を指差し「コレッシ、シャー、コレッシ、シャー」と大声を張り上げていく。であるから静寂とは程遠い授業風景であった。

また子どもとはいえ、刀を差す侍でもある。当然闘争本能も必要である。時には授業中であっても、他地区の子どもと喧嘩が始まることもある。こうなるとグループ対グループの争い、後には引けない。参加しないと仲間はずれにされてしまう。火鉢はひっくり返る、硯は飛ぶで手に負えない。もっとも戦いは侍の本分と心得ているから、先生もすぐには止めない。しばらくは見ていたといい、喧嘩に負けて帰ると親に叱られた位である。

▼その最後の十七条は
「酒宴遊興を楽とすべからず、年若の時別して慎むべきは色欲なり。一生を誤り名を汚すものなれば、幼年の時より男女の別をわきまえ色欲の咄すべからず。或いは戯言を以て人の笑いを催し、軽浮の貌すべからず。争いは我慢より発するものなれば常に慎むべし」とある。幼年者の心得としては早すぎる感がしないでもないが、侍としての道を子どものうちから教えたのである。

これも会津

お国自慢

ここにもいた会津人②

近代日本を彩る会津出身者たち

黄熱病研究の世界的権威
野口英世《のぐちひでよ》（一八七六〜一九二八）

猪苗代湖畔の貧しい農家に生まれた。幼少の頃おった火傷のために不自由になった左手の手術を受け、医学の素晴らしさに出会い、医師を目指した。上京後順天堂医院から北里柴三郎が所長を務める伝染病研究所へ進み、細菌学を専攻した。横浜海港検疫所に勤務していたときに日本で最初のペスト患者を発見し、その実績により国際予防委員会の一員としてペスト対策に取り組む。明治三十三年（一九〇〇）、ペンシルベニア大学のフレキスナー博士を頼り渡米。蛇毒の研究と血清の研究に打ち込んだ。ロックフェラー医学研究所研究員となり、黄熱病研究のため、発生の中心地であるエクアドルへ。病原体の発見、血清とワクチンをつくった。その後、アフリカの黄熱病研究のためにナイジェリアへ渡る。しかし原因究明の目処がたった頃、自ら黄熱病にかかり、亡くなった。

米国農業移民に加わった少女
おけい（一八五三〜一八七一）

日本人米国農業移民団は、明治二年（一八六九）にサンフランシスコへ出発した。移民団は会津藩の軍事顧問を務めたプロシア人ヘンリー・シュネルを中心として応募した一団であった。幼少時よりシュネル家の子守として働いていたおけいは移民団に参加する。一行はカリフォルニア州エルドラド郡に若松コロニーを築き、お茶や生糸の生産を目指すが、酷暑と水不足のため大打撃を受ける。移民仲間は散り散りとなり、残ったおけいは、農場で働いた。大理石作りのおけいの墓は現在も現地に残されている。

明治期の教育界に多大な貢献
高嶺秀夫《たかみねひでお》（一八五四〜一九一〇）

八歳で日新館に入学後、日新館大学に十二歳で進むほどの秀才であった。三田慶応義塾で英語を学び、福沢諭吉の奨めで文部省へ。ニューヨーク州に留学し、児童に備わっている能力を引き出すと謳うペスタロッチ教育法を学んだ。帰国後に東京師範学校の改革整備に着手。東京高等師範学校の校長を務めた後、遅れていた女子教育にも積極的に取り組んだ。『教育新論』を訳出。

最高裁判所初代長官を務めた
三淵忠彦《みぶちただひこ》（一八八〇〜一九五〇）

会津若松に官吏の次男として生まれる。戊辰戦争で責任を負った萱野権兵衛は父の弟である。京都帝国大学を卒業後、東京地裁部長から東京控訴院上席部長にまでなるが、突如辞任。三井信託で定年を迎え、隠居する。第二次大戦後、当時の法務総裁鈴木義男に請われて、新たに発足した最高裁判所の初代長官に任命され、以後、法律家を扱う仕事に生涯を捧げた。

『小公子』を翻訳した才女
若松賤子《わかまつしずこ》（一八六四〜一八九六）

会津藩士松川勝次郎正義の長女として生まれた。母と死別した後、横浜に養女として引き取られ、西洋人による教育をフェリス和英女学校で受けることになる。在学中から創作に目覚め、明治十九年（一八八六）、『女学雑誌』に「旧き都のつと」という作品を発表。文筆活動は活発になる。その後同誌に『小公子』の翻訳を四五回にわたり連載するが、単行本が完成するのは彼女の死後のことであった。

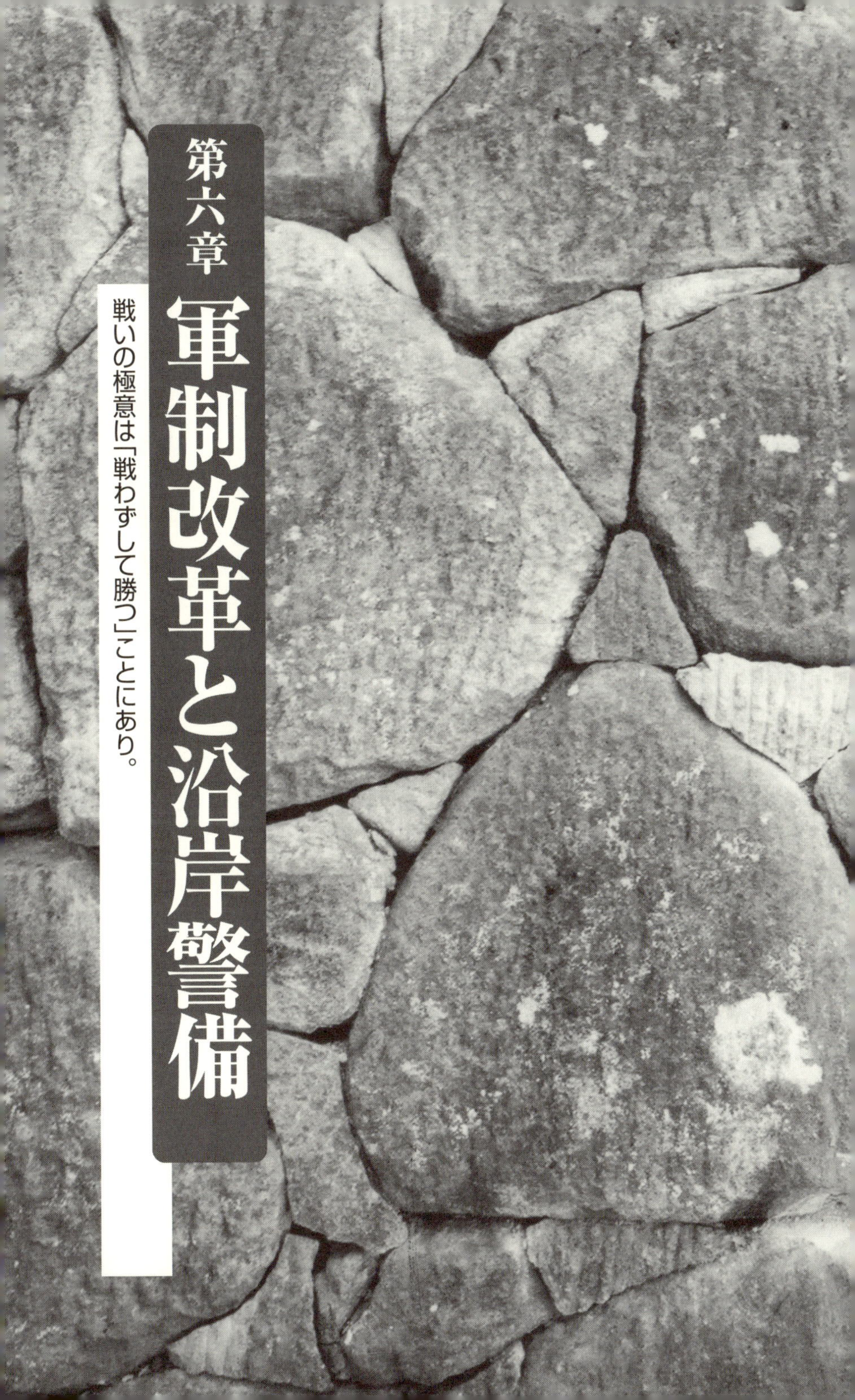

第六章 軍制改革と沿岸警備

戦いの極意は「戦わずして勝つ」ことにあり。

1 軍制改革の始まり

戦から遠ざかるに従って、藩の軍制を統率するのは困難になる。
平和を維持するためには、抑止力としての軍隊を鍛えることは必須。
軍制は長沼流、全藩挙げての会津藩軍制改革の始まりである。

軍備の充実を目指す理由

田中玄宰《たなかはるなか》が八大項目からなる改革案の第一条に掲げた軍備の充実は、会津藩にとって重大な意味を持っていた。それは豊臣秀吉によって蒲生氏郷が会津に配されて以来、会津は地理的に奥羽の押さえの役目を担っていたからである。米沢の上杉、仙台の伊達、秋田の佐竹など、時の政権に反旗を翻《ひるがえ》す恐れのある藩が、攻め上るのを防ぐ防御の盾としての役割であったからである。そしてそれは徳川政権下における会津松平家も同様であった★。

しかも戦闘実績のある名族上杉や佐竹、伊達氏に対し、高遠以来の寄せ集め軍団である保科・松平家には、過去戦いの実績がなかった。これではいくら親藩で、奥羽東北第二位の大藩といえど、引け目を感じないわけにはいかなかった。戦いの極意は戦わずして相手を屈服させるのが一番である。そのためには普段から会

▼奥羽主要藩の石高

・仙台藩	伊達家	外様	六二万石
・会津藩	松平家	家門	二三万石
・秋田藩	佐竹家	外様	二〇万石
・盛岡藩	南部家	外様	二〇万石
・米沢藩	上杉家	外様	一八万石
・庄内藩	酒井家	譜代	一七万石

津藩の強さ、軍備の充実を他藩に認識させておく必要があったのである。

軍制改革

従来、会津藩が採用していた軍制は河陽流《かようりゅう》であったが、これは実戦には役に立つものではなかった。そこで天明八年（一七八八）、田中玄宰は最も実戦向きに整備され、軍事調練を重視する長沼流への改編を行った。まず若松城三の丸を調練の場として、寛政四年（一七九二）からは大沼郡本郷原、向羽黒山《むかいはぐろやま》の北麓において追鳥狩《おいとりがり》を開始した。これはあらかじめ鳥や兎などを捕まえておき、号砲をもってそれらを解き放つ。整列していた各隊の隊士は一斉に、敵になぞらえた鳥などを捕まえるのである。一番に捕まえた者には藩主から褒美が与えられた。

文化十四年（一八一七）からはより広い大野ヶ原に場所を移して、弓や鉄砲隊、大砲隊も加わり実戦さながらの大演習が行われた。

追鳥狩・会津藩の軍事演習（上）
鳥や獣を捕まえる侍たち（右）

四陣の制

寛政元年（一七八九）、会津藩はこれまでの軍事方役を改め、軍事奉行の職を創設した。その藩席★も高く奉行、用人に次ぐ重職で、長沼流★の免許を得た者が任命された。同四年（一七九二）には藩主の本隊を整備強化して中軍《ちゅうぐん》と称し、新たに四《し》陣《じん》からなる兵の編成を行った。四陣とは先鋒《せんぽう》、左右翼《さゆうよく》、中軍、殿《しんがり》で、藩主の本陣である中軍を除く三隊は一年交代でその役についた。

- 先　鋒
  - 陣将隊（一隊、約四〇〇人）
  - 番頭隊（一～三番隊、各約四〇〇人）
- 左右翼
  - 陣将隊（一隊、約四〇〇人）
  - 番頭隊（一～三番隊、各約四〇〇人）
- 中　軍
  - 藩主本陣（約一〇〇〇人）
  - 輜重隊《しちょうたい》（約四〇〇人）

▼長沼流
長沼宗敬《むねよし》（澹斎《たんさい》）が創始した兵法学。会津藩士木本成理が宗敬の高弟佐枝尹重から免許を受けた。藩は流祖である宗敬を敬い、文化七年墓碑を京都伏見の栄春寺に建立した。

▼藩席
藩士の地位。

追鳥狩は露店も出て見物客も大勢集まった

殿――陣将隊（一隊、約四〇〇人）
　　├番頭隊（一～二番隊、各約四〇〇人）
　　└新番頭隊（一隊、約四〇〇人）

御留守備《おるすそなえ》（約五〇〇人）
猪苗代御留守★（約一五〇人）

総計約六八五〇人

▼猪苗代御留守
保科・松平時代、若松城（鶴ヶ城）のほか支城として猪苗代城（亀ヶ城）があり、城代及び猪苗代士を置いた。

つまり一年目に先鋒についた軍は、二年目は殿、三年目は左右翼、四年目で一巡する。陣将は千石以上の家老で、番頭《ばんがしら》隊の番頭は八百石級、新番頭隊の新番頭は五百石級の者があてられた。会津藩の職制は武官である外様と、文官である近習からなるが、御供番、小姓、奏者番、御使番、祐筆などの近習も中軍に組み入れられ、全藩挙げての編成がなされ面目を一新した。

弓矢執る身

「弓矢執る身」「弓矢の道」などの言葉が示すように、弓は上級武士必須の武道具であった。会津藩の弓術は日置流《へき》（印西《いんざい》派を安政元年に改称）、日置流道雪派、日置豊秀流《ほうしゅう》の三派があった。このうち豊秀流は会津藩士円城寺豊貞が、弓術各派の流儀等を研究して創設したものである。保科正之を祀った土津《はにつ》神社や一箕《いっき》山八幡宮の流鏑馬《やぶさめ》は、この豊秀流の師範が行っていた。また道雪派は殿様が多く習った。

的場は日新館のほか師範の家や足軽の稽古場（七カ所）などがあった。郭内の諏方神社の東端にも的場が設けられていた。神社の例大祭（七月二十六日～二十八日）には寄的《よせまと》といって、大勢の見物客の前で日頃の腕前を披露することができた。祭りの前日の二十五日朝七時頃から侍や、普段は一緒に参加することのできない足軽クラ

弓の稽古

スまで七、八百人位の藩士が射芸を競った。人数が多く夜を徹して射に興じ、的場は提灯や篝火《かがりび》が煌々《こうこう》と輝いた。深夜射手《いて》の放つ弦の音と、矢取《やとり》者の当たりを告げる声だけが、森閑とした境内に響き渡った。

射手人の　とよみも絶えて　ふけにけり　諏方の宮ゐの　弓張の月
会津藩家老　西郷近思《ちかもと》

このほか大矢数《おおやかず》といって、一昼夜に何と一万射を放つことも行われた。これは朝六時から翌朝の六時まで連続して一人で射るもので、これに成功するのは五、六年に一人位であった。さらに三十日間に一〇万射というものもあり、これは更に成功者は少なかった。これに二十三歳で成功した弓の名手小川常有は、二三七間（約四三〇メートル）という距離を飛ばし、古今未曾有といわれた。またある時、殿様の御前で三派の技を披露することがあった。この時は武器庫から持ち出した鎧を射させたが、常有考案の鏃《やじり》はこれを紙のように射抜いてしまった。

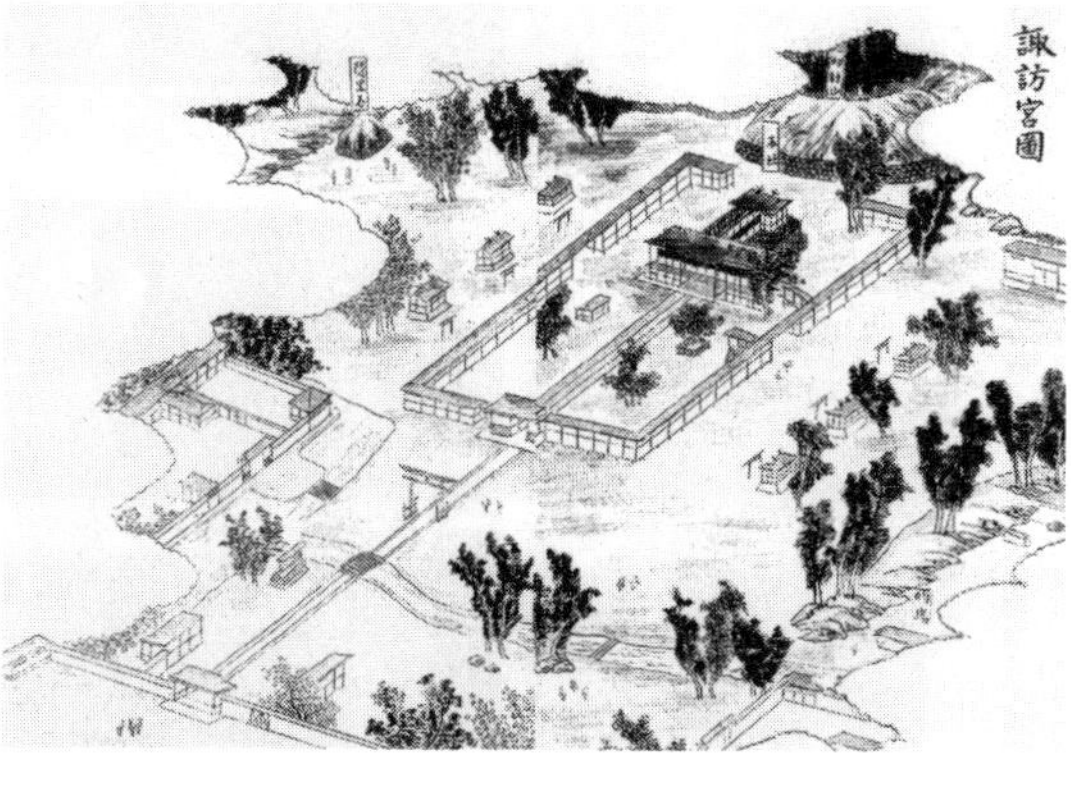

諏方神社

これも会津

祭りは楽し

寄的の行われる諏方神社は会津藩の氏神で、祭礼の際はすべての藩士がお参りした。中でも喜んだのは侍の子どもたちである。なぜかというと中・上級以上の子どもは普段小遣いを使うのはご法度《はっと》。しかしこの祭礼の時は唯一、小遣いを貰い神社での買い食いが黙認された。男の子ははじき鉄砲や花火、武者人形、首振りベコなどのおもちゃで遊んだり、白玉、トロテン、だんごなどを堂々と食べることができた。ただしただ一つトウモロコシの横銜《くわ》えだけは絶対に禁止されたという。またお金は不浄のものとされ、直接手にすることは禁じられ財布ごと店の者に渡した。普段は下僕に必要な物を購入させていた。これも武士教育の一環で、農、商人のごとく金銭に関して卑しい心を生じさせないようという趣旨であった。ただ大人になるまで金銭の使い方をまったく知らないでも困るのでこの祭礼だけは例外とした。

女の子は通常一人で出歩くことは禁じられており、女中が付き添い人形やお雛様の道具、アメなどを買い求め、一年で一番楽しい日を過ごした。

また城下の祭りでは授光《じゅこう》祭《さい》も盛大であった。この祭りは元禄十五年（一七〇二）諏方神社に正一位の神位勅許が下り、それを祝って始められた。授光祭は本祭りと陰《かげ》祭りの二つあった。殿様は参勤交代で一年おきに会津と江戸で暮らしたが、本祭りは殿様が会津にいる年に行われた。本祭りは渡御《とぎょ》の神事のあと、神輿《みこし》が町々を回る。その後ろには殿様奉納の出章《でしるし》を牛車《ぎっしゃ》で牽き、次に神社の数々の宝物が続く。更に庶民の総町を三つに分け、それぞれ趣向を凝らした山車《だし》や、太鼓台、囃子方などが続いた。町では数カ月も前からその年の扮装を協議したが、例えば「源頼朝の富士の巻狩り」と決まると、頼朝の像や仁田忠常が猪を殺す場面などを作り、多くは歴史物から題材をとった。若者は皆その時代のきらびやかな扮装をしたが衣装はすべて新調し、祭りが終わるとそれらはすべて売り払い次回に備えた。町ではこの費用捻出のため日溜銭といい、各戸ごとに毎日お金を徴収する方法もとられた。

一方見物客も大勢で、本一之丁の割場《わりば》には桟敷《さじき》が作られ殿様や奥方、女中たちが行列を見物した。日新館の生徒たちは神保《じんぼ》原《はら》（三の丸北）に仮小屋を建て見学させた。行列の通り道にあたる侍の家では、塀の上に特設の桟敷を架け親戚知人を招き、赤飯、煮しめなどでもてなした。なお陰祭りの年は神事は行われるが、町中を回る神輿の渡御はなかった。

諏方神社の祭礼。八代藩主松平容敬の画。

②イザ樺太！

鍛え上げた藩軍を、実戦で試す機会は乏しい。
鎖国制をしいていた当時、北からの脅威、ロシアに対する警備が始まった。
ロシアとの直接対決はなかったが、以後会津藩は江戸湾警備に駆り出される。

蝦夷・樺太警備

玄宰の長沼流への軍制改革以来二十年、その統制された見事な調練を徐々に知られるようになった会津藩は、ようやくその企図する機会に恵まれた。この頃樺太、蝦夷（北海道）と国境を接する大国ロシアは、盛んに日本に通商、開国を求めてきていた。しかし幕府は鎖国を理由にこれを拒み続け、たらい回しにされたロシアはついに実力行使に出た。文化三年（一八〇六）ロシアの武装船は樺太のオフトマリ（大泊）やクシュンコタン（久春古丹）を襲い、日本の運上屋★や番屋、倉庫などを焼き払い、物資を強奪、加えて日本人を拉致するという事件が起きた。翌年も同様の事件が発生、更に蝦夷沖合いで商船を襲い、物資を奪い船を焼き払うという事件が頻発した。

これに対して幕府は文化四年津軽、秋田、南部、庄内の各藩に命じ三千名の

▼運上屋
蝦夷を統治していた松前藩の藩士から負託された日本人の商人がアイヌと交易を行った所（家）。役人などの宿泊や公文書の取り次ぎなども行った。

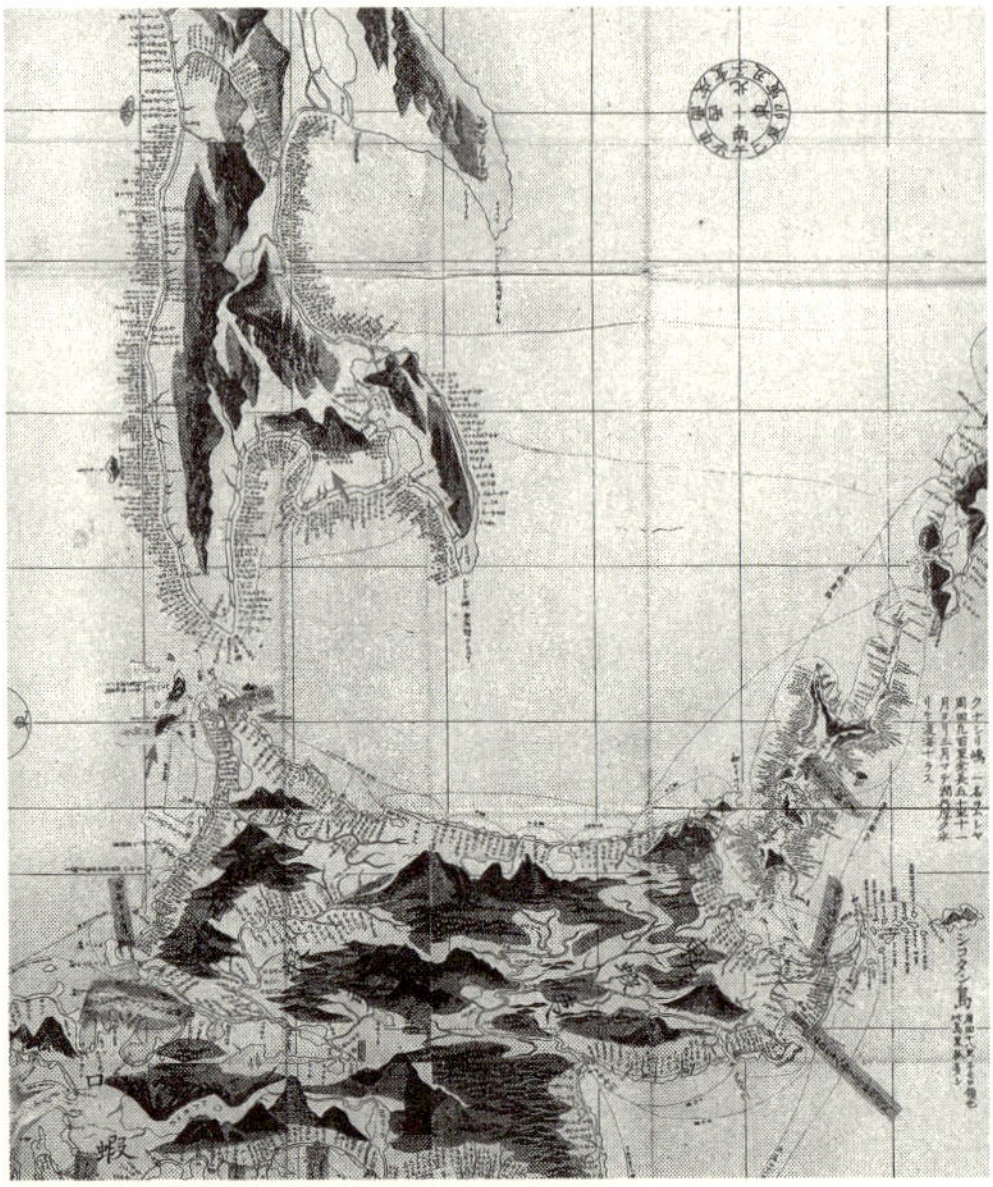

蝦夷樺太絵図

兵で蝦夷の防衛にあたらせた。ロシアとの交戦はなかったが、この年越冬した津軽藩では百人中、七十人が寒さや湿気、野菜不足からの風土病で亡くなったという。そこで幕府は翌五年（一八〇八）には仙台藩二千名で箱館（函館）、国後《くなしり》、択捉《えとろふ》の警備を、会津藩には千五百名をもって樺太、宗谷、利尻島、松前の警備を命じた。

実はこれは幕府に命じられたのではなく、会津藩が内々に願い出たものという。何度か記したように会津藩の役割は「奥羽の押さえ」にある。それを超財政難にもかかわらず願い出たのは、会津藩の武威を天下に知らしめ、奥羽諸藩の蜂起を押さえる抑止力としようと考えたからである。併せて大国ロシアの軍を破ったなら、幕府の苦境も救うことになり、「家訓」第一条の目的にも叶うものであった。

ロシア兵訓練図

樺太遠征、揉めた順番

　会津藩では出陣の四カ月前から本郷原で軍事訓練を開始、野営や炊き出しの練習まで行い出発の日を待った。これまで追鳥狩では鉄砲は用いられていなかったが、これを機会に足軽の鉄砲演習が始められた。蝦夷への出発は文化五年一月と決まった。総大将の軍将、家老内藤信周《のぶちか》は本部となる宗谷に、同じく当時家老の北原采女《うねめ》は陣将として最前線樺太へ、さらに番頭梶原平馬、同三宅孫兵衛、同日《ひ》向《なた》三郎右衛門らの各隊の派遣が決まった。総勢千六百余名であった。番頭各隊の持ち場も決まったが、侍たちから不満の声が出た。松前駐在の梶原隊と、宗谷詰めの日向隊である。松前は蝦夷唯一の城下で幕府の役所もあり、産物を扱う商人らも大勢おり賑わっていた。松前は一番気楽な所と思われたがその言い分は、せっかく選ばれて蝦夷に行くのに、戦いの場となるはずの樺太ではなく、宗谷や松前居残りの後方支援では武士の面目が立たない、というのであった。この度の行き先は通常の任務と異なり、蝦夷への特別派遣であるためクジで決めたものであったが、二隊の言い分も納得できるものではあった。

　なぜなら前に記したように四陣の制では先鋒、左右翼、殿を一年交代で、順繰りに役目を果たす。この時の蝦夷派遣は先鋒の家老隊（北原隊）以下四隊、左右

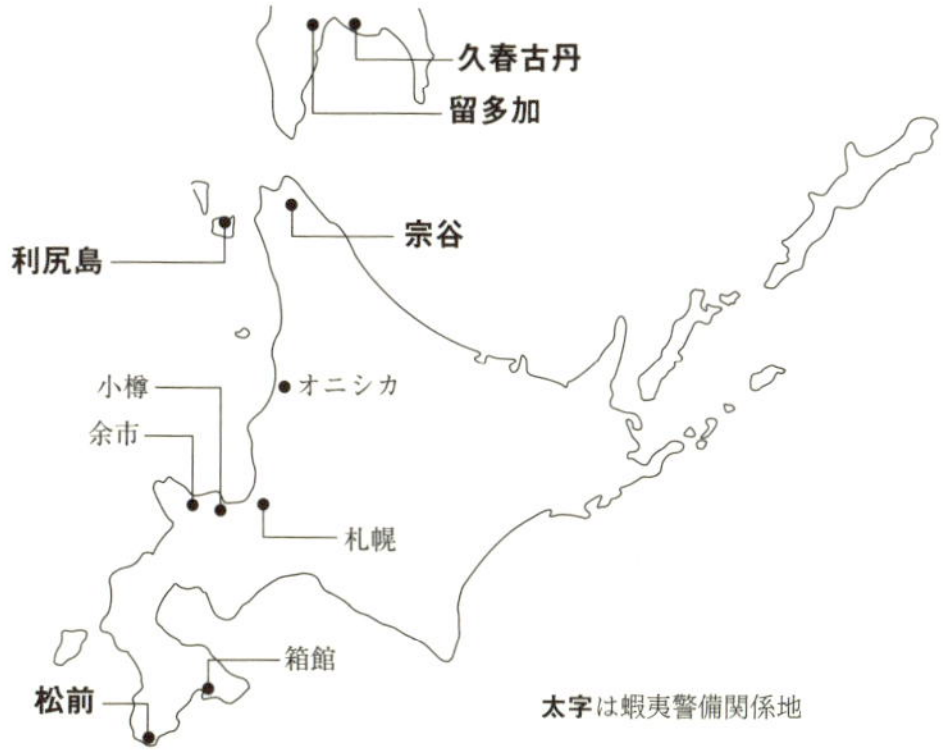

太字は蝦夷警備関係地

翼から家老隊一隊（軍将内藤隊）の計五隊が選抜された。ところが先鋒の番頭隊三隊の行き先をクジにしたことが問題を生じた。先鋒も陣将隊を除き一、二、三番隊と順番があり、本来は三番手で松前駐在の三宅隊が、一番クジの最前線樺太行きを引き当てていたからである。これに一番隊で宗谷（本来は樺太行き）、二番隊で松前（本来は宗谷）となった両隊が文句をつけた。両隊の隊士は昼夜に渡り抗議行動を行い、騒ぎが大きくなろうとしていた。こんなことが公儀に聞こえては御家の恥と、結局三宅隊をなだめすかし、クジの決定は取り消され本来の陣備えとなり両隊の面目は保たれた。

イザ出発

さて一月一日から先発隊が順次出発、九日に本隊第一組目が朝七時若松城西出丸に集合、五歳の幼君容衆《かたひろ》の見送る中、八時にいよいよ出発した。千六百名もの人数であり、同時に出発したのでは途中の宿にも困るし、武器や食糧、鍋釜などの荷物運送の馬も不足する。このため本隊はこの日から数班に分かれ出発した。戦時体制であるから途中の宿でも食事は一汁一菜、酒は禁止された。一行が仙台、盛岡、青森を経て津軽半島の最北端三厩《みんまや》に着いたのは、会津を出て六十五日目であった。そこから難所津軽海峡を渡り、松前には三月二十九日（新暦の四月二十

武術の訓練

四日）に到着した。そこで各隊は分かれ五〜十日の船旅で宗谷、樺太へと更に北上し四月十九日（五月十四日）樺太に到着した。

本営となるクシュンコタンは、前年のロシアの襲撃により番屋は焼かれ残骸が残るだけであった。北原隊七四五名は早速仮小屋を造り、雨露を凌ぎ本格的な陣屋の建設を急いだ。五月十一日（六月四日）ようやく柵を廻らせた陣屋と、見張り台が完成し対ロシア戦に備えた。一部の藩士は海上三里西方の要衝ルタカにも駐在させた。藩士たちは毎日武術の訓練に励み、連絡、監督のため来ていた幕府役人を前に大演習を何度か行い、その見事さに彼らは感嘆の声をあげたと言う。それでも時には兎狩りなどで一時楽しむ時もあった。この頃のオホーツクの海岸にはニシンが山のように盛り上がって押し寄せたり、たくさんの鯨が汐を吹き悠々と泳ぐ姿が見られた。鮭、鱒、ニシンなど魚には不自由しなかったが、野菜不足や湿気はかなりこたえたようである。出発前には胡椒や唐辛子、干し生姜などを各自持参するよう言われ、滞在中も幕府で調合した薬が配られた。また当初禁止された酒も、薬として飲むことが許された。会津藩の滞在は夏の期間だけであったが、それでも五月十五日（六月八日）には氷が張り、雪が降る寒い日もあった。樺太にはアイヌ人も多く住んでいたが、彼らと良好な関係を築き、いざ藩士が引き上げる時は船を追いかけて海岸を走り別れを惜しんだという。

アイヌとの交流

台風遭遇、危機一髪

会津藩の樺太滞在は四月中旬から七月七日★（新暦八月二十八日）まで、百六日間に渡った。幸いと言うべきか、残念と言うべきか、この期間ロシア船は姿を現わさなかった。なぜならこの年はヨーロッパ戦線においてナポレオンとロシアの戦いがあり、樺太どころの話ではなかったからである。

秋風も立ち、この年はロシア来襲の恐れもなくなったため、任務を終えた藩士たちは帰国することになった。帰路は往路と異なり、直接山形の酒田港や新潟港に向かうことになった。動力のない船であるので、その帆走は風任せで何日も足止めにされたり、逆に何里も潮に流されることもあった。樺太からは六隻の船に分乗したが、この季節台風のシーズンであり、しかも七月十二日は二百十日にあたっていた。海は次第に波風が強くなり、ついに船頭たちもかつて一度も経験したことのないほどの風、雨、波に船はもまれにもまれた。ましてやろくに船に乗ったことのない会津の侍たちは、生きた心地もなく、びしょ濡れになり、船の中を豆のように転げまわった。帆も折れ、船頭は髷《まげ》を切り海の神様に捧げたが、一向に波はおさまらず、船頭もなす術《すべ》もなく「もはやこれまでと覚悟を決め、神仏に祈るのみ」というほどであった。

▼七月七日
文化五年は六月が閏《うるう》月であった。

大波に翻弄される船

六隻のうち観勢丸は利尻島に打ち上げられ船はこっぱみじん。奇跡的に死者は出なかったが武器や荷物、衣服などはすべて海中に沈んでしまった。幸い利尻には梶原隊が残っており、かろうじて犠牲者は出さずにすんだ。一二六人の乗った正徳丸は帆が折れオニシカに上陸、船をあきらめ陸路一カ月かけ八月十六日箱館到着。その他の船も沈没は免れたが、風に流され松前や三厩にたどり着いた。八六人乗り組みの幾吉丸は一カ月も漂流し飲料水もなくなり、かろうじて松前の手前の清部村に上陸することができた。

早い組で八月二十三日、最終組は十一月二十八日にようやく会津に到着した。無事戻った藩士たちはねぎらいのため城中で料理が下され、各々褒美も賜った。この警備の総費用は二万両ともいわれ、半分の一万両は幕府から出たものの、会津藩にとってはまたも赤字が累積することになった。稚内や利尻島には今も、会津藩士や従僕の墓があり大切に守られている。これは文化七年(一八一〇)藩主容衆により、彼の地で亡くなった藩士らのため墓石を建立するよう命が出され、新潟であつらえ北前船で運んだものである。

江戸湾警備

蝦夷警備の間もなく、文化七年会津藩は、今度は江戸湾警備の命を受けること

観音崎砲台

になった。この頃外国船が頻繁に日本近海に現れ、危機感を抱いた幕府は江戸湾防備が急務として、会津藩に相模、白河藩に房総の湾岸警備を命じたのである。警備には大砲の設置などかなりの金がかかる。そこで幕府は人足や馬、物資の調達を容易にするため会津領河沼郡と越後蒲原郡の一部と引き替えに、相模国三浦半島の二八カ村三万石の地を与えた。

会津藩は御台場を観音崎など三カ所に、また陣屋も観音崎、平根山、三崎に設置した。大砲は大小合わせ三八座、警備の番船は五四隻を準備した。

警備は文政三年（一八二〇）まで十年間も続いた。この間、文政元年（一八一八）五月にはイギリス船が通商を求め来航、周辺は緊張感に包まれた。会津藩では何隻もの船でイギリス船を囲み、警戒にあたった。幕府は船を浦賀に入れ、鎖国を理由に帰帆させ事なきを得た。

この地での会津藩の支配は冥加金の課金や刑罰の厳しさ、警備への動員などで、領民の人気は薄かった。藩では財政難により再び賄い扶持を導入するなど、藩士にとっても厳しい生活が続いた。

房総警備

江戸湾警備を解かれて二十七年目、弘化四年（一八四七）会津藩八代藩主松平容《まつだいらかた》

浦賀港英船渡来図

八代藩主松平容敬

敬《たか》はすでに任についていた忍《おし》藩に加え、前回の相模の向かい側にあたる房総警備を命じられた。この間開国や通商を求める外国船が相次ぎ、さらに深刻さを増し幕府はその対応に苦慮していた。この時会津藩と同じ江戸城溜間詰《たまりのまづめ》★の筆頭、彦根藩井伊家は、相模の警備を命じられた。

会津藩は富津《ふっつ》、竹ヶ岡に陣屋を設け、千余人体制で警戒にあたった。嘉永元年（一八四八）には容敬自ら、台場や陣屋などを巡視、大砲の実射、操船の訓練を視察した。

養子ではあるが容敬は英明な藩主であった。海防掛老中や浦賀奉行らに積極的に意見を述べ、また彼らから見解や意見を求められている。幕閣内では天保十三年（一八四二）に廃止された異国船打ち払い令が復活されようとしたが、老中阿部正弘から意見を求められた容敬はこれに反対との返書を送った。井伊直弼《いいなおすけ》は容敬を「当今、英雄之大将、天下之御為無二之忠臣」と評した。

その容敬は嘉永五年（一八五二）二月病没、まだ四十七歳、惜しまれる死であった。養子容保《かたもり》が第九代藩主を継ぎ、翌六年四月に房総巡見を行った。この年六月アメリカ国使ペリーが来航、開国を迫った。十月幕府は江戸湾岸を藩邸とする大名に品川台場の築造を命じた。この近くには会津藩中屋敷があり、第二台場を担当、江川太郎左衛門の指揮により安政元年（一八五四）第一〜三、五、六台場が完成した。

▼溜間詰
江戸城黒書院溜間に詰める幕政の最高顧問。常溜は彦根井伊家、会津松平家、高松松平家の三家。城中の席次は老中より上座。将軍が紅葉山（城内）、東叡山（寛永寺）、三縁山（増上寺）参詣の際の先立ちや朝廷への使者を務める。

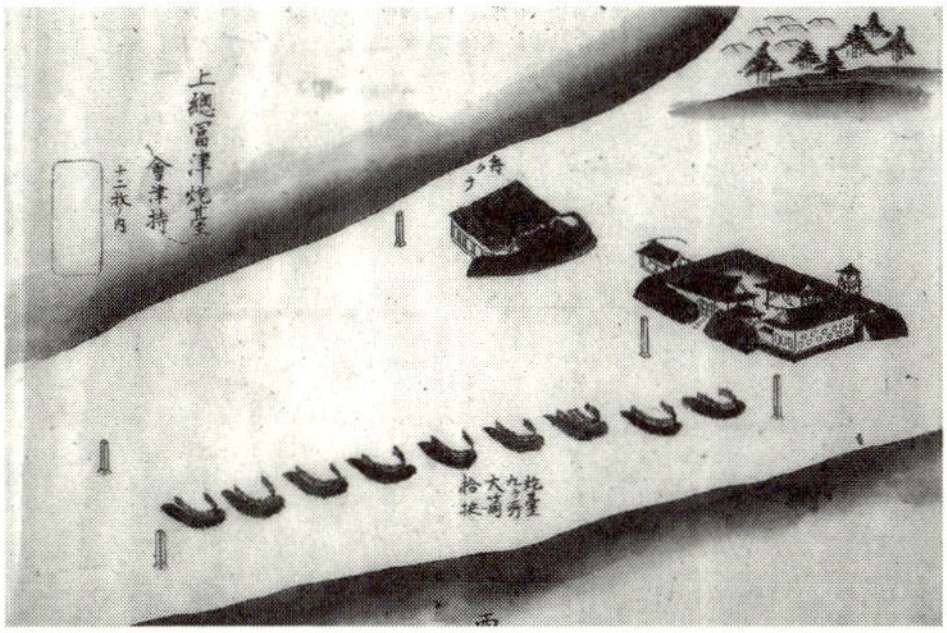
富津砲台

これも会津

お台場の悲劇

最近お台場は東京の新名所としてスポットライトをあてられるが、安政二年（一八五五）十月二日夜十時頃、寝静まった江戸の町を突然大地震が襲った。震度六とも言われる江戸直下型の地震であった。それが不幸にも会津藩邸が最大の被害を蒙ることになってしまった。中でも江戸城近く和田倉門の上屋敷の被害は甚大で、建物がことごとく倒壊するという有り様であった。その上、上屋敷では火災も発生、奥向きでは錠口を開ける間もなく火に包まれ、奥仕えの女性もかなり亡くなった。

会津藩士らの死体を乗せた何台もの荷車が、葬地である鈴ヶ森を往復し、天徳寺には死体がうずたかく積み重ねられたという。『会津松平家譜』では藩の死者を一六五人と記す。しかし武家発表の被害は実際より少なく届け出、また公表されない建前であったのでさまざまな憶測が乱れ飛んだ。中には「会津家中千三人即死」と記したものもある位である。

被害は第二台場にも及んだ。ここの勤番の詰め所は東西に長く、四方は厚板で囲まれ、三方と天井には土が盛られていた。入り口は片側にわずかに開いているに過ぎなかった。そこに大地震である。建物はたちまちのうちに潰れた。中には二五人の藩士と下僕一人がいた。幸いにも外にいて難を逃れた侍が「待っておれ、今土を掘って助け出してやるぞ」と励ました。ところが入り口の一部にわずかな空間はあるが、そこからは出ることができない。かといって土を掘り下げると、かろうじて土に支えられている梁が折れて、中の人間を押し潰してしまう。まったく手をつけることさえできない状況にあった。しかも近くには大火薬庫があり、いつ火がつくかもしれない。そこに火がついたら、台場すべてが吹っ飛んでしまう位の火薬がある。それを察した中の侍は「もはや助からぬ命でござる。間もなく火も出ましょう。さればお別れでござる。なにとぞ我らの刀を国元の父母妻子への形見にお届け下され」と、抜き身の刀と鞘を一本ずつ出してよこした。刀には血糊がついており、もう助からぬと腹を切って刀を渡したのであった。外の者は涙ながらにこれを受け取ったが、もはや見捨てて逃げるしかなかった。小舟で対岸に渡ったが、間もなく火鉢の火が引火し建物は炎に包まれた。それは六日間もくすぶり続けた。火薬庫への引火は免れたが、責任を取った番頭、用人の二名が自刃したという。

この時、幸い藩主松平容保は会津にいて、難を逃れることができた。この一大事を急報しようにも、命の助かった者はただ呆然とするばかりで、立つ気力さえ失っていた。ただ一人田口治八はそこら中駆け回り、ようやく紙切れを見つけ出し国元に知らせようとした。ところが今度は筆墨がない。焼け跡から消し炭を拾い出し状況を記した。足の一番達者な松本勇を捜し出し、文を持たせて会津に急行させた。会津に到着した勇の衣服には、あちこち焼け焦げた跡があったという。

第七章 京都守護職から会津戊辰戦争へ

悲劇は京都守護職就任から始まった。

1

京都守護職就任

幕末の世、開国を迫られた日本は、大きな岐路に立つ。

その舞台は京都。天誅の名の下に辻切りが横行し、いよいよ人心・治安共に乱れることになる。

そして、京都守護職という火中の栗を拾う要職に、会津藩主松平容保が任命された。

幕末の京都

幕末動乱の中、江戸湾警備という役目を無事務めあげた会津藩は、それも束の間、時代はこれまで以上の役割を与えようとしていた。それは京都守護職への任命であった。徳川幕府の権力が次第に衰えようとする中、政治の舞台は江戸から天皇のいる京都が中心になろうとしていた。その京都では尊攘派浪士が倒幕を唱え天誅《てんちゅう》と称する暗殺が相次ぎ、不穏な状況に陥っていた。それまで京都の町は京都所司代が治安維持に努めてきたが、ついに抑えきれずその上に京都守護職の設置を決めたのである。そしてそれは会津藩に白羽の矢が立った。この受諾こそが会津藩の悲劇の幕開けとなったのである。

松平容保の登場

最後の会津藩主となる松平容保《かたもり》は、天保六年(一八三五)美濃国高須藩★主松平義建《よしたつ》の七男として江戸四谷の藩邸で生まれた。高須藩は御三家の一つ尾張徳川家の支藩で三万石。義建の父は義和《よしより》といい、水戸徳川家から高須に養子に入った人であるが、会津藩八代藩主松平容敬《かたたか》もまた義和の子どもである。つまり義建と容敬は兄弟、容保は叔父の家に養子に来たことになる。

容保が養子として会津藩邸に入ったのは弘化三年(一八四六)十二歳の時で、容敬の娘敏姫との縁組が約束されていた。この当時敏姫は四歳であった。容保は十六歳で元服、翌嘉永四年(一八五一)六月初めて会津の地を踏んだ。会津滞在中の翌五年正月、容敬病臥の知らせにより急ぎ江戸に戻ったが、二月十日ついに容敬は不帰の客となった。これにより十八歳の容保は第九代藩主の座につくことになった。

▼**高須藩**
現岐阜県海津市

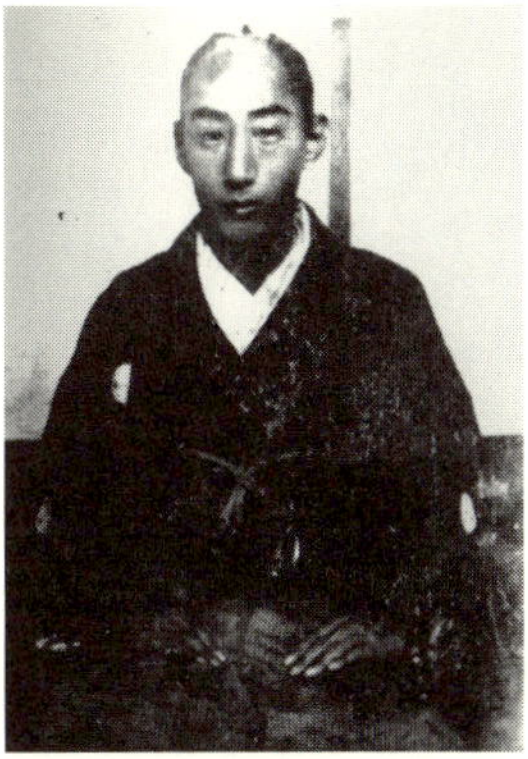
九代藩主松平容保

高須藩主と子どもたちの系譜

- 義和(水戸より)
  - 義建
    - 慶勝(十四代尾張徳川家を継ぐ)
    - 武成(石見浜田藩松平家を継ぐ)
    - 茂栄(十一代高須藩主〜十五代尾張藩主〜一ツ橋家を継ぐ)
    - **容保**(会津藩松平家を継ぐ)
    - 定敬(桑名藩松平家を継ぐ)
    - 義勇(十三代高須藩主)
  - 容敬 ═ **容保**

*(十二代は茂栄の子義端)

京都守護職就任

容保は生来、あまり身体の丈夫なほうではなかった。文久二年（一八六二）七月幕府より江戸城和田倉門内の上屋敷に使いが来て、容保に対し至急の呼び出しがあった。この時も容保は病床にあり家老横山主税《よこやまちから》を登城させた。それは容保に京都守護職を命じるというものであった。帰った横山は容保に報告すると、容保は驚きを禁じえなかった。京都守護職などという職名は初めて聞くものであったし、なぜ会津藩がという思いであった。第一、会津は京都からあまりに遠い。言葉も異なる純朴な山国の侍が、プライドの高い公卿や、才に長けた西国諸藩士と渡り合うことなどまったく不得手であったし、財政は火の車である。容保は「いやしくも台命《たいめい》★とあらば、何事にせよお受けするのが藩祖の家訓であるが、容保は才薄く大任にあたる自信がない。その上我が城邑《じょうゆう》は東北に僻在し、都の風習に暗く、浅学を忘れ大任に当たるとしても、万一過失があった場合一身一家の過ちでは収まらず、累を将軍家に及ぼす恐れがあり、万死もこれを償いがたし」と固辞の使者を送った。

会津藩の京都守護職就任★を薦めたのは一橋慶喜《よしのぶ》と越前藩主松平春嶽であった。この固辞に対し春嶽は手練手管で就任を促した。容保は何度も任ではないと辞退

▼台命
将軍の命令

▼京都守護職就任
容保は悩んだ末、実父義建に和歌を送った。「行くもうし　止まるもつらし　如何にせん　君と父とを　思ふこころを」これに対し義建は「父の名は　よし立てずとも　君がため　いさをあらわせ　九重のうち」この返歌を得て、容保の守護職就任の考えは不動のものとなった。

を繰り返したが、最後は家訓第一条まで持ち出され、容保はついに受諾するしか道はなかった。これを知った国元の家老西郷頼母、田中土佐は会津から急遽馳せ参じ辞退を進言した。しかしすでに容保の決心に揺るぎはなかった。重臣らもこれを知り、君臣もろとも京都を死に場所としようと心を決めたのであった。

京都へ

文久二年（一八六二）閏八月一日容保は京都守護職を拝命、役料五万石と上洛費用三万両が幕府より貸与された。十二月九日容保は千名の藩士を引き連れ江戸を出発、同二十四日三条大橋を渡り京の都に到着した。この時京の人々は威風堂々とした会津藩の行列を、期待と不安の入り混じった面持ちで眺めていた。しかし会津藩とは初めてその名を聞く人も多く、「カイツ」とはどこの国かと聞く者もいたという。

容保は本禅寺で麻裃の礼服に着替え、五摂家の一つ近衛関白邸へ行き、孝明天皇のご機嫌を伺い、その後宿舎となる黒谷《くろだに》金戒光明寺《こんかいこうみょうじ》に入った。千名もの人員が、この先いつまで守護職を続けるのかもわからず、守護職屋敷が完成するまでこの光明寺が本陣となった。この寺は小高い丘上にあり、自然の要害ともいえる立地にあった。また御所にも近く、多くの宿坊を擁する大きな寺であったことで

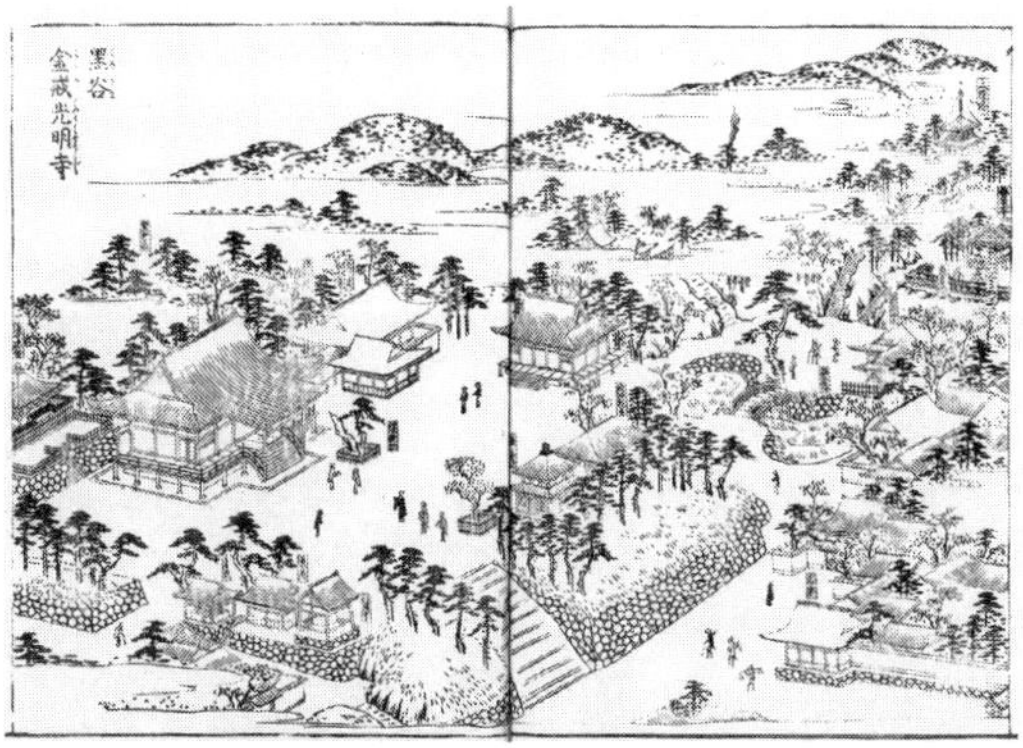

金戒光明寺

選ばれたという。翌三年（一八六三）一月二日、容保は初めて参内《さんだい》、小御所《こごしょ》において孝明天皇の天顔を拝した。

孝明天皇の信頼

容保は早速町奉行所の改革に着手、有能な人材の登用、また意見のある者はどのようなものでも聞くし、場合によっては対面も可能と布告した。一方で乱暴な行為、テロ行為を厳禁し、過激な志士らの浪人狩りを断行した。二月二十二日夜、浪士らが等持院の足利三代の木像の首を切り落とし、位牌と共に三条大橋の下に晒すという事件が起きた。容保は徹底的に犯人の追捕を命じ一斉摘発を行った。それでも天誅は止むことなく、急進派公卿たちは裏で容保の京都守護職罷免運動を展開していた。

七月二十四日御所建春門前で馬揃え★を天覧に供するよう勅命があった。容保は御所内での馬揃えは控えたほうがよいと公用人★野村左兵衛に上申させたが、伝奏《でんそう》★飛鳥井雅典《あすかいまさのり》は帝のお望みと強く要求した。その日二十八日、あいにくの雨で中止順延となり、翌日も雨、三十日も雨であったが、この時突然伝奏から馬揃えの命が下った。すでに兵は解散しており不可能と答えると、帝のたっての望みと告げられた。容保は意を決し、すぐに甲冑具足に身を固めた兵士を集め御所に集合さ

陣羽織姿の松平容保

▼**馬揃え**
練兵、兵の訓練。

▼**公用人**
会津藩の公用方に勤める外交役。

▼**伝奏**
天皇との取り次ぎ役。

せた。午後二時頃小雨交じりの中、普段から鍛えた長沼流による秩序正しい練兵は迫力があり見事なもので、帝や公卿たちは息を凝らして見守った。実戦さながら法螺貝《ほら》、鉦《かね》、太鼓が静かな御所の聖域に鳴り響き、孝明天皇もその頼もしさに安堵した。

実はこの急な馬揃えは尊攘派の策略であった。油断をつき馬揃えの失敗、また準備ができなければ職務怠慢による容保の失脚を狙ったものであった。翌日、あつい賞詞があり、大和錦《やまとにしき》★二巻き、白銀《はくぎん》二百枚が下賜された。八月五日には再び馬揃えを行い天覧に供した。この時容保は拝領した錦を陣羽織に仕立て、これを着用して指揮をとった。会津藩の見事な訓練振りに帝は感激し、容保に水干《すいかん》★、鞍、黄金《おうごん》三枚を贈った。

▼大和錦
容保は一巻きで陣羽織を作り、残りの一巻きは小さく切って在京の主な藩士に分け、喜びを分かち合った。

▼水干
糊水をつけて干したという意からきた衣服。狩衣系で平安時代公卿の私服。

八月十八日の政変

その前、文久三年三月四日、将軍家茂《いえもち》が三代家光以来、二百三十年振りに京都に入った。その目的は攘夷祈願で公武合体を推進することであったが、長州の志士と急進派公卿らはこれを機に討幕の魁《さきがけ》にするべく画策していた。これに対し薩摩は長州封じ込めを模索、八月十三日薩摩の高崎佐太郎が密かに黒谷の会津藩公用方秋月悌次郎《あきづきていじろう》を訪ねた。それは会津と薩摩で軍事同盟を結び、長州派の公卿三条実美《さねとみ》らの追い落としを図るものであった。この頃偽勅《ぎちょく》★が頻繁に出され、その首謀者が長州と組んだ三条であった。

これは少しでも味方を求めたい会津藩にとっても渡りに船であった。十五日大和行幸の勅命をきっかけに双方の動きが活発化、十八日深夜勅命を得た会津、薩摩両藩は御所の門を固め、急進派公卿の参内を差し止め、長州の堺町御門の守衛を解いた。御所は完全に会薩軍が確保、長州兵は戦うことなく三条ら公卿七人と都をあとにした。孝明天皇はこの政変でより一層容保の働きに感激し、その信頼はなお増したのであった。またこの政変では近藤勇ら会津藩預かりの浪士組も活躍し、武家伝奏から新選組の隊名が下された。

ご宸翰と御製

この八月十八日の政変の働きで、容保は孝明天皇から極秘にご宸翰《しんかん》★と御製《ぎょせい》★を賜るという、前例のない叡慮《えいりょ》を得た。

「堂上★以下、暴論を陳《つら》ね、不正の処置増長につき、痛心堪え難く、内命を下せしところ、速やかに領掌し、憂患掃攘、朕《ちん》の存念貫徹の段、全く其の方の忠誠、深く感悦の余り、右一箱これを遣わすものなり」　文久三年十月九日

▼偽勅
偽の天皇の仰せ、お言葉。

▼ご宸翰
天皇の書いた文。

▼御製
天皇の作った和歌、詩文。

▼堂上
四位以上の昇殿を許された者。

たやすからざる世に、武士《もののふ》の忠誠の心を喜びて詠める

和《やわ》らくも　武《たけ》き心も相生の　松の落葉の　あらす栄えん

武士と　心あわしていはほをも　貫きてまし　世々の思ひ出

誰が敵か味方かわからぬ御所内で一人孤立する孝明天皇であったが、ひたすら忠誠を尽くす容保の姿に、絶対的な信頼を寄せるのであった。しかし天皇の信頼は得たものの、政治の世界は一寸先は闇、この先容保にどんな運命が待ち構えているか誰にもわからなかった。

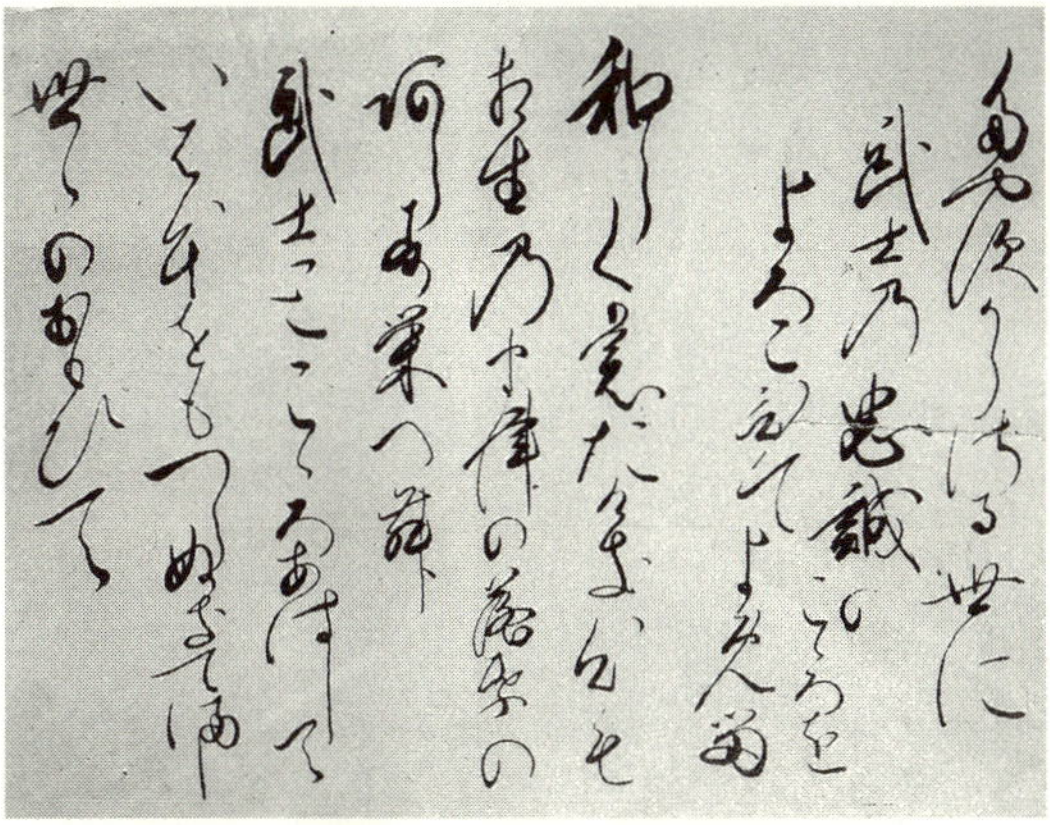

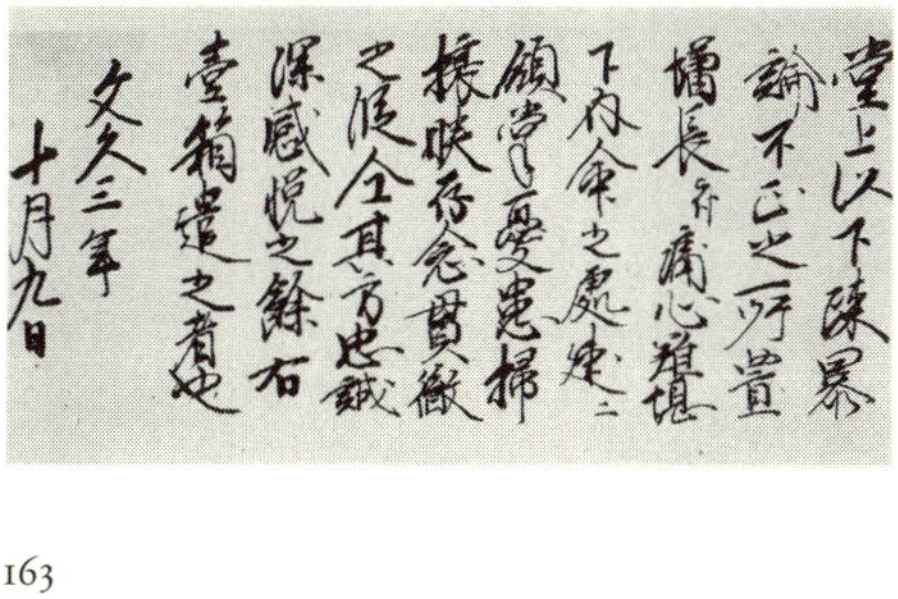

ご宸翰（和訳）
「堂上以下、乱暴で勝手な意見を吐き、不正の行いも益々増え、私の心の痛みも耐え難い。（容保に）内々の命を下したところ、速やかに理解、承知し、煩いを一掃してくれた。私の思うところを成し遂げてくれたこと、まったくその方（容保）の忠誠、深く感激し余りあり、右一箱これを遣わすものである」

これも会津

「勤皇」の証明書、ご宸翰

戊辰戦争において会津藩は「朝敵」、天皇に敵対する藩との、いわれなき烙印をおされてしまった。しかし孝明天皇が存命中、会津藩は絶大なる信頼を得ており、その証となるのがご宸翰であり、勤皇の何よりの物的証拠でもあった。ただ容保はそれを極秘のこととし、得意げに話すこともなく、一般には知られていないことであった。

鳥羽伏見の敗戦直後、徳川慶喜は容保、定敬《さだあき》らを強引に大坂から船に乗せ、兵を置き去りにして江戸に帰ってしまった。もちろんご宸翰を持ち出す間もなく、お小姓の浅羽忠之助はご宸翰を胸に抱き陸路容保を追った。ところが殊勲者である忠之助が江戸に戻ると何と、無断でご宸翰を持ち出した罪で罰せられてしまった。この辺りに硬直し、融通のきかない藩の体制がみてとれる。その後のご宸翰は容保が一時も肌身離さず持っていたという。

時は移り明治三十四年頃、松平家は極度の財政難に陥っていた。窮状を憂いた松平家の財政顧問、東京帝国大学総長山川健次郎は救助の方策を考え、つてをたより長州出身の陸軍中将三浦観樹（梧楼）を松平家に招いた。そこで健次郎が三浦に見せたのがご宸翰である。三浦はこれを見てビックリ、容保がご宸翰を賜っていたことなど初耳であった。三浦は以前から会津藩が最初から最後まで、君臣共々一糸乱れぬ行動をしたことを不思議に思っていたが、このご宸翰がその源と気がついた。と同時にもしこれが表に出ると会津藩を朝敵としてきた根拠がなくなるし、順逆が逆転してしまう恐れがあると心配になった。

この時健次郎らは京都守護職時代のことを記した『京都守護職始末』を出版することになっており、当然このご宸翰も収録されることになっていた。戻った三浦は早速宮内大臣田中光顕《みつあき》に相談、最初救助金を渋っていた田中もこのご宸翰の話を聞き、出版見合わせのかわりに金を出すことを決めた。明治三十五年十月十六日「旧斗南藩主子爵松平容大《かたはる》の家計窮乏の状をあはれみ、内帑金《ないどきん》三万五千円を下賜せらる」ことになり、互いに危機は救われた。

その後の『京都守護職始末』であるが明治三十七年旧藩士北原雅長が、同じく守護職時代を記した『七年史』を発行しご宸翰が表に出てしまった。さらに三十九年には『孝明天皇紀』も出版されたことにより、すでに亡くなっていた健次郎の兄浩の執筆につくろい、旧藩の有志に頒布するという名目で四十四年『京都守護職始末』が刊行された。しかしやはり官の力は強く、国定教科書はじめ一般の史書、小説、映画など会津を賊とする論調はまだまだ変わらなかった。

蛤御門の戦い

翌元治元年（一八六四）六月五日、京都池田屋で密議中の志士二十余人を、新選組が急襲し斬殺、逮捕した。その前、新選組は以前からマークしていた古高俊太郎《ふるだかしゅんたろう》を捕らえ、その自供により長州の恐ろしい陰謀が明らかになった。「六月二十二日頃、風の強い日に町に火を放ち、孝明天皇を奪って長州に連れ去る謀叛で、このため長州の志士たちが身を変じて町屋に隠れている」というものであった。

新選組の活躍によってこれは未然に防がれたが、新選組と会津藩はより一層長州の憎しみの対象となった。池田屋事件の報に接した長州側は家老福原越後ら千六百人が上京した。その名目は攘夷の国是嘆願に加え、三条らの公卿および藩主毛利父子の冤罪の哀訴などであったが、実は会津、薩摩の討伐にあった。

七月十九日ついに長州は御所西の蛤《はまぐり》御門から一挙に攻め入った。ここは会津藩が守備していたが、薩摩が応援に駆けつけ激戦の末勝利した。この戦いは会津藩創設以来初めての実戦であった。長州側の戦死者二六五名、会津藩は六〇名であったが、この戦いによる戦火はたちまち市中に広がり二万七千余軒もの家が焼失した。

二十三日御所に発砲したことにより長州征伐が決せられた。しかし幕府側の態

蛤御門

度が煮えきらず形式的な出兵となり、長州三家老の首と恭順謝罪を受け十二月二十七日解兵令が出された。

こののち、政情はめまぐるしく変わる。将軍家茂の死、一橋慶喜の就任、信頼厚い孝明天皇の突然の死、そして大政奉還と会津藩は変革の波に翻弄されていくのであった。そして極めつけは薩摩の裏切りであった。いつの間にか薩摩は長州と手を組み、公卿岩倉具視と共に朝廷をも牛耳るようになっていた。およそ権謀術数とは縁のない会津藩は、いつしか朝敵の側に追いやられていたのである。

鳥羽伏見の戦い

慶応四年（一八六八）一月三日、新政府薩摩兵の放った一発の銃声が鳥羽の森の静けさを破った。薩摩、長州、土佐らの新政府軍と会津、桑名、見廻組、新選組などの旧幕府軍との決戦の火蓋が切って落とされた。兵力は新政府軍の五千に対し、旧幕府軍は一万五千人。圧倒的に旧幕軍有利と思われた。

この衝突は薩摩の予定するものであり、むしろきっかけは薩摩の仕掛けによるものであった。戦いの九日前、十二月二十五日江戸の薩摩藩邸が、旧幕府の者らに焼き打ちされた。その前、江戸の町は薩摩の息のかかった者たちにより略奪、暴行が横行していた。薩摩藩邸焼き打ちは、その挑発に乗った末の報復であった。

会津藩伏見上陸の図

しかしこれこそが薩摩の望むことであった。戦いには大義名分が必要である。一方の旧幕府軍も薩摩を討つ必要性に迫られた。焼き打ち事件の後、大坂に下っていた慶喜らは「討薩《とうさつ》の表《ひょう》」をかかげ会津、桑名などの兵を京都に向かわせた。

薩摩の本陣は鳥羽街道を一望できる東寺《とうじ》においた。すでに同盟なった長州は東福寺に拠《よ》った。鳥羽一帯は戦場と化し、最初こそ旧幕府軍有利であったが、戦況は最新の兵器を持つ新政府軍に傾いていった。槍や刀、旧式銃しか持たない会津藩士たちに勝ち目はなかった。さらに一月五日新政府軍に錦の御旗がひるがえった。もちろん天皇の旗などありはしないが、岩倉らの機転によるこの旗の出現は大きな効果を与えた。旗を持つものは官であり、持たない者は賊である。更に淀藩や藤堂藩の裏切りもあり、旧幕府軍は総崩れとなった。

敗報を聞いた慶喜は六日夜、容保、桑名藩主松平定敬《まつだいらさだあき》を連れ密かに大坂城を抜け出し幕鑑開陽丸に乗船、兵を置き去りにして江戸へ逃げ帰った。戦いにおいて指揮を取る者がいなくてはどうしようもない。完全な負け戦となり、会津藩は大砲隊長林権助以下百三十余名もの戦死者を出した。敗残兵は陸路また海路ようやく江戸藩邸にたどり着いた。一月十七日会津から応援のため七十余名が江戸の中屋敷に到着したが、その一人十倉綱紀《とくらつなのり》の手記によると、鮮血にまみれ傷ついた者が各部屋に満ち「豚一《ぶたいち》★の弱きため敗北せり」と罵詈《ばり》する者もいたと記す。

▼豚一
将軍徳川慶喜のこと。一橋家《ひとつばしけ》の出で、豚肉を好んだことで蔑称される。

2 戊辰戦争下の会津

京都を追われた会津藩は、いやおうなく戦いに引き込まれる。
やがて婦女子をも巻き込んだ城下での戦いに発展、悲惨な光景が繰り返される。
白虎隊らの反攻もむなしく、一カ月の籠城戦の末、鶴ヶ城に白旗があがった。

容保の謹慎

二月四日容保は藩主の座を養子の喜徳《のぶのり》（十四歳）に譲り、自分は隠居の身となったが、あくまでこれは形の上でのことであった。慶喜はすでに恭順を表明しており、容保も輪王寺宮を通じて嘆願書を提出、恭順のうえ隠居を表明し沙汰を待つことになった。

十日慶喜は容保、定敬らの登城を差し止め、自らは江戸城を出て謹慎に入った。容保もまた十六日江戸を離れ失意のうちに帰国の途についた。江戸に戻った藩士や会津から応援に駆けつけた藩士の怒りは収まらず、薩摩、長州への憎しみは更に増し主戦派が台頭することになった。

その一方で非戦論を唱える者もいた。国産奉行河原善左衛門《かわはらぜんざえもん》もその一人で、あくまでも謝罪し戦を回避すべきであり、それが受け入れられないなら潔く死ぬ、私のあとこれに次々続けばこの至誠が通じないことがあろうか、と非戦を説いた。しかし多くの主戦論者の前に、この意見はかき消されてしまった。このような状況の中で容保は迷っていた。三月から閏四月にかけ会津藩は何度も嘆願書を提出、仙台、米沢両藩をはじめ奥羽諸藩も会津寛典嘆願書を朝廷に提出した。しかしこれらは何れも退けられ、無視され、ついに五月、三一藩からなる奥羽越列藩同盟★が成立、新政府軍との対決は避けられないものとなった。

軍制改革、白虎隊の誕生

鳥羽伏見の敗戦で会津藩は弓、槍、刀を中心とした長沼流では、もはや戦にならないことを痛感させられた。いくら勇猛果敢な会津藩士であっても鉄砲や大砲には敵わない。ついにフランス式の軍事訓練を行うことになり、江戸城桔梗門内で仏人シャノアン、メッスローらに、会津で幕臣沼間慎次郎《ぬましんじろう》らに習ったがそれはわずかな期間でしかなかった。三月十日これを受け会津藩は軍制改革を断行するに至った。それは、一、軍制を洋式に改める。二、各隊を年齢別に編成する。三、農町兵を募集する、であった。年齢別に分けたのは先の戦いで、一隊の中に老人兵や年少兵が混在しており、足の差があり戦いの場に間に合わず、兵が揃わないということがあったためである。各隊の名は四神また四獣から採り、白虎《びゃっこ》、

▼奥羽越列藩同盟の三一藩
仙台・伊達、秋田・佐竹、盛岡・南部、米沢・上杉、二本松・丹羽、弘前・津軽、新庄・戸沢、棚倉・阿部、相馬・相馬、三春・秋田、山形・水野、上ノ山・松平、平・安藤、一ノ関・田村、福島・板倉、松前福山・松前、本庄・六郷、守山・松平、泉・本多、亀田・岩城、八戸・南部、天童・織田、湯長谷・内藤、下手戸・立花、矢島・生駒、新発田・溝口、長岡・牧野、村上・内藤、村松・堀、三根山・牧野、黒川・柳沢

朱雀《しゅじゃく》★、青龍《せいりゅう》、玄武《げんぶ》の四隊に分け、さらに身分により士中、寄合、足軽の各隊に分けた。各隊は中隊頭一名、以下小隊頭二名、半隊頭二名、嚮導《きょうどう》一、二名、隊士七二名を基本とした。これに医師、兵糧方、従者などがついたが、白虎隊だけはその半数であった。

	年齢	士中隊	寄合隊	足軽隊	
白虎隊	十六～十七歳	二隊	二隊	二隊	予備隊
朱雀隊	十八～三十五歳	四隊	四隊	四隊	実戦部隊
青龍隊	三十六～四十九歳	三隊	二隊	四隊	藩境守備隊
玄武隊	五十歳以上	一隊	一隊	一隊	後備隊

このほか砲兵隊、猟師隊、力士隊、修験《しゅげん》隊★や募集した農町兵など合わせ、全軍の兵数は七千名を超えた。農町兵は二十～四十歳までの身体壮健者二七〇〇名を募集、差配の代官以下三八〇名を合わせ三千名以上となった。優秀者は士分の資格が与えられるとあって応募者も殺到した。しかし隊は成っても新式銃の確保は困難で、所持する銃砲の多くが旧式銃であった。

▼朱雀
通常の読みはスザクであるが、『会津戊辰戦史』（山川健次郎監修）に「シュジャクと発音せり」と記されている。

▼修験隊
修験者を集めた部隊。修験者は修行のため深山幽谷の山歩きを行うため、山岳地帯の地理に詳しく体力もあった。

会津征討

慶喜は江戸に戻ったのち、江戸城を明け渡しあくまで恭順の姿勢をとり続けた。そのため新政府軍の標的は会津に絞られた。また反薩長の旧幕の一部は会津を拠《よ》り所とすべく、続々と会津を目指した。「都見たくば会津にござれ、今に会津が江戸になる」と歌われるほどであった。三月下旬古屋作左衛門率いる旧幕兵衝《しょう》鋒隊《ほうたい》五百余名が若松に到着、興徳寺で戦死者供養ののち越後方面に向かった。水戸藩市川隊七百名余も到着したが、当時会津藩は謝罪嘆願中であり、早々に引き取りを願い去って貰った。さらに閏四月初旬、家康を祀る日光東照宮の御神体が新政府軍の蹂躙《じゅうりん》を恐れ極秘のうちに到着し、若松城内の東照宮に安置された。その後も大鳥圭介《おおとりけいすけ》率いる旧幕軍、上総《かずさ》請西《じょうさい》藩主林昌之助の他、先の老中備中松山藩主板倉勝静《いたくらかつきよ》は浄光寺に、唐津藩主小笠原長行は御薬園、桑名藩主松平定敬は興徳寺、長岡藩主牧野忠訓《ただくに》は建福寺、棚倉藩主阿部葆真は願成就寺《がんじょうじゅじ》にそれぞれ滞在、身重の小栗上野介の妻★は家老横山主税邸で女の子を出産した。また五月十五日江戸上野で彰義隊《しょうぎたい》が敗れ、逃れた輪王寺宮が六月六日若松に到着、城内金ノ間を御座所とした。新選組の土方歳三《ひじかたとしぞう》も残った隊士を率い、下野街道経由で若松に入った。この時、土方は宇都宮での戦いで、腕を負傷しており、東山温泉に

▼**小栗上野介妻**
出産した場所は城南約十二キロの南原の病院（民家）とも言われる。

近藤勇の墓

通い療養した。また板橋で新政府軍に斬首された近藤勇の墓の建立を容保に願い、東山天寧寺にこれを許された。容保は勇のために「貫天院殿《かんてんいんでん》純《じゅん》忠誠義《ちゅうせいぎ》大居士《だいこじ》」の戒名を授けた。

母成峠敗れる

三月以来、旧幕府軍と新政府軍の戦いは各地で続いた。新政府は旧幕の首魁を会津とし、ついに会津攻めに目標を定めた。越後、日光、白河方面からの挟み撃ちである。

会津藩もこれに備え早い時期から藩境に部隊を送り守りを固めていた。中立の立場をとる長岡藩では、家老河井継之助《かわいつぎのすけ》が新政府の軍監岩村精一郎《いわむらせいいちろう》に談判、戦争の回避と平和的解決を目指したが交渉は決裂、以後長岡藩は会津側につき本格的な戦闘状況に陥る。長岡城の攻防を巡り両軍一進一退を繰り返したが、七月二十九日兵力にまさる新政府軍が長岡を陥落させた。同日新発田《しばた》藩の裏切りもあり、物資、武器の重要な補給基地である新潟も占拠された。以降、戦況は次第に会津に近づくことになった。

新政府は最初、会津攻めにあたり「枝葉を枯らして幹を絶つ」つまり会津周辺

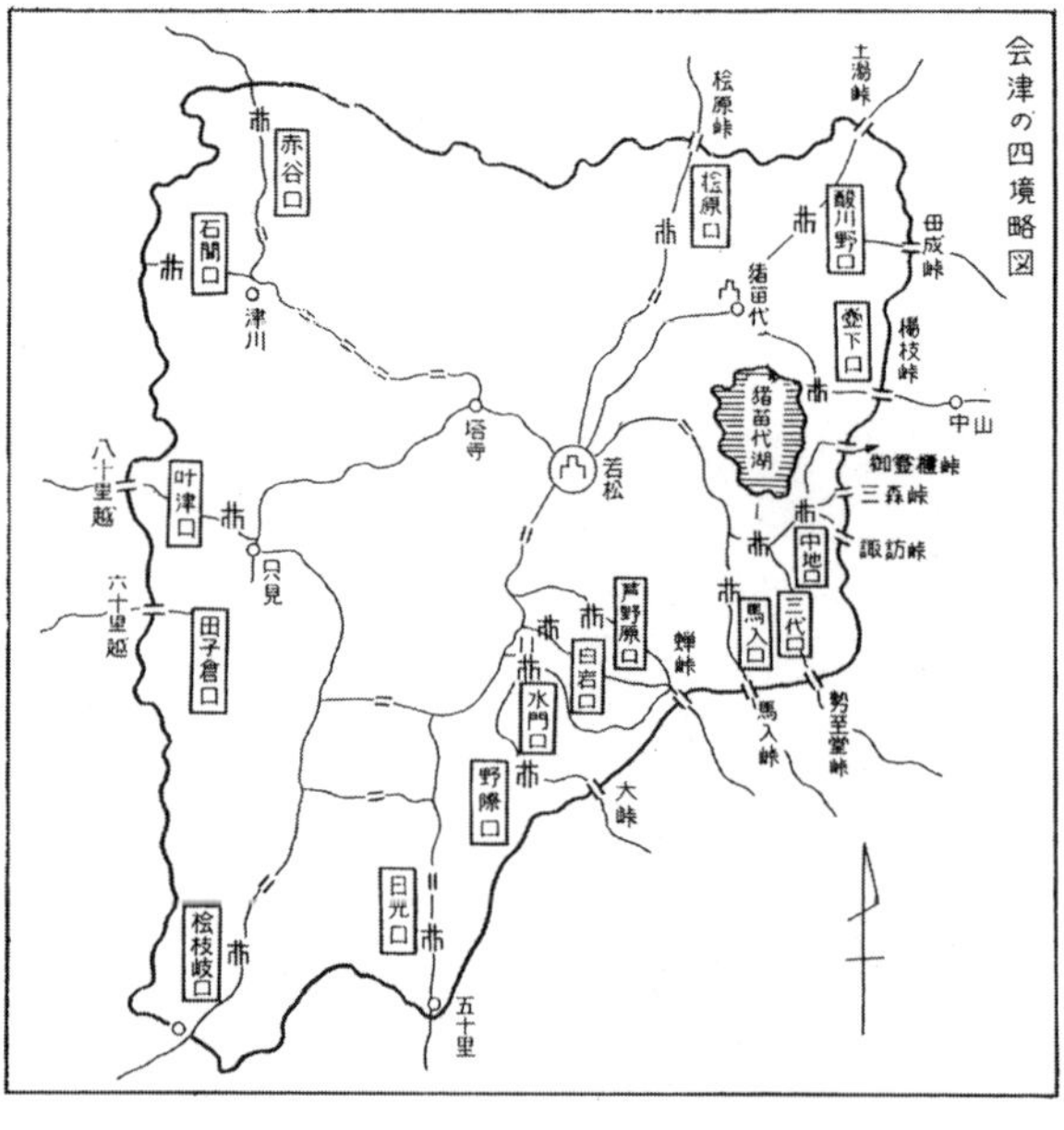

会津藩四境の図

の弱小藩をまず潰滅させ、最後に最強の会津藩を叩くという作戦であった。しかし降雪期に入ると戦いに不利と判断した新政府軍は、先に幹である会津を攻撃する戦法に切り替えた。その主力部隊の進路に奥州街道を選んだ。そこから会津への主なルートは北から母成《ぼなり》、中山《なかやま》、御霊櫃《ごれいびつ》、勢至堂《せいしどう》と四つある。会津軍としては兵力を分散しなければならない。新政府軍の陽動作戦や兵器の差もあったが、急峻な母成峠を進攻した新政府軍により新選組や旧幕大鳥軍も加わった会津軍は、八月二十一日わずか一日で藩境を破られた。

　領内に敵の侵入を許し、会津藩は重大な危機に直面した。城下への途上にある猪苗代では城代高橋権太夫が、藩祖保科正之を祀る土津《はにつ》神社と猪苗代城に火を放ち撤退した。二十二日昼頃、新政府軍は猪苗代の町に入った。この時、前日の戦闘に遅れをとった薩摩の川村与十郎隊は、汚名挽回を期し休むことなく十六橋《じゅうろっきょう》を目指した。十六橋は猪苗代湖から唯一流れ出る日橋川《にっぱしがわ》に架かる石橋で、城下への大きな関門であった。会津藩も急ぎ僧侶を中心に編成された奇勝隊《きしょうたい》を送り、十六橋の破壊工作にあたらせた。この時主力部隊はすべて国境の守備に出ており、城内の兵はごくわずかであり石橋の破壊にまわす余裕さえなかった。奇勝隊が破壊を始めて間もなく川村隊が早くも殺到し、橋をわずか一、二間ほど壊しただけで退却を余儀なくされた。橋を確保した川村隊はさらに戸ノ口原《とのくちはら》まで進み夕刻を迎えた。新政府軍の早い橋の確保は、会津藩にとって実に大きな痛手となった。

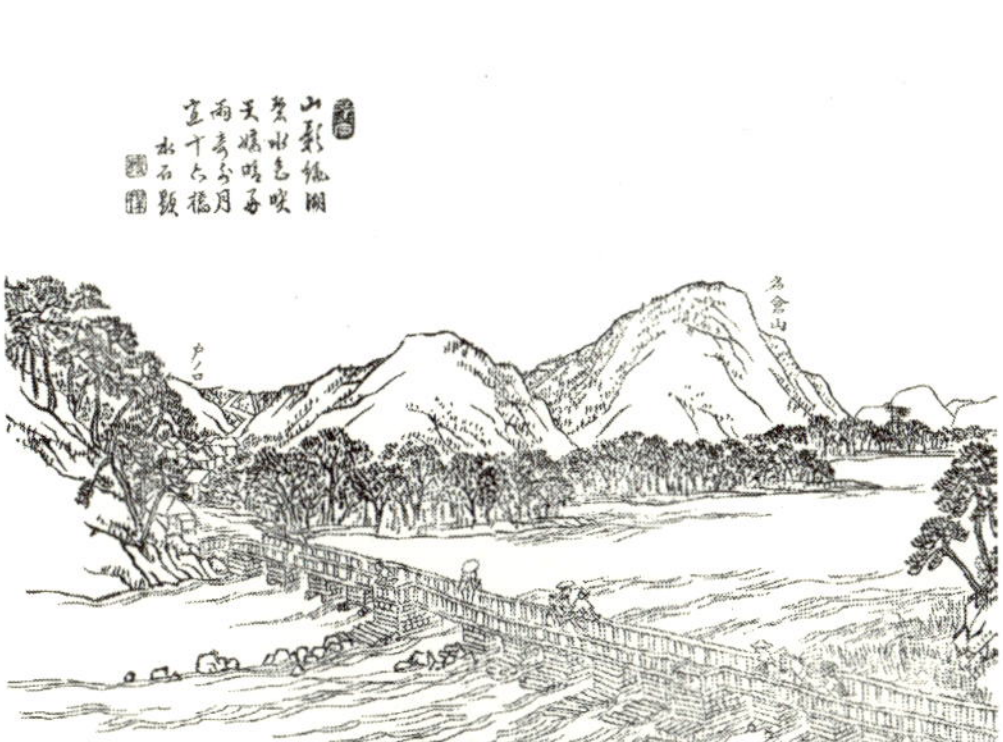

十六橋絵図

白虎隊出陣

母成口敗れるの報を受けた会津藩は、急遽士中白虎一、二番隊の集合を命じた。一番隊は藩主喜徳の護衛として城下に、二番隊は容保の供で滝沢村へ向かった。滝沢の本陣に到着すると、戸ノ口原方面から急ぎ援軍を求めてきた。隊長日向《ひなた》内記《ないき》に率いられた二番隊士三七名は、容保の命で滝沢峠《たきざわとうげ》を登った。戸ノ口原に着くと、敵に備え穴を掘って胸壁《きょうへき》を築いた。二十二日夕方、降りしきる雨の中、川村隊はもう目前に迫っていた。急な出陣で食糧を持たなかった二番隊は、隊長日向内記が自ら食糧調達に出ることになったが、これ以後日向とははぐれることになってしまった。

明けて二十三日雨はあがり、夜が白々と明けてきたが隊長はまだ戻らない。そこで隊員のうち嚮導《きょうどう》篠田儀三郎が指揮をとり敵陣に向け進発した。戸ノ口原には白虎隊のほか敢死隊《かんしたい》、奇勝隊《きしょうたい》、游軍隊《ゆうぐんたい》などもいたが所詮寄せ集め部隊であり、橋を確保し増強された新政府軍が相手では到底勝ち目はなかった。戦闘が始まり会津軍は死傷者が続出、退却を余儀なくされた。白虎隊士も幾つかのグループに分断されながらも、城を目指した。隊士飯沼貞吉《いいぬまさだきち》★らは敵の銃弾を受けながら、飯盛山の北東斜面にある戸ノ口堰《とのくちせき》の洞門★に入った。

晩年の飯沼貞雄

▼飯沼貞吉（一八五四〜一九三一）
貞吉は十五歳であったが十六歳と偽って入隊。維新後は貞雄と改名、逓信省に電信技士として勤め、仙台逓信局工務部長で退職。昭和三十二年に飯盛山に墓が建てられた。

▼戸ノ口堰の洞門
猪苗代湖の水を利用するための堰。寛永十三年（一六三六）八田野村まで通水、その後会津盆地まで延伸、天保六年（一八三五）洞門を開削し取水した。

洞門は長さ一五〇メートルほどであるが、途中カーブしており中はまったくの闇であった。この日、新暦では十月八日にあたり、胸近くまである冷たい水の中を手探りで抜けた。洞門を抜け少し歩くと城下が俯瞰できる。しかしそこで隊士が見たものは、炎と煙に包まれる城下の姿であった。燃え上がる城下を見て藩主容保、喜徳父子もすでに自刃したと考えても無理はなかった。絶望感に陥った一六名の隊士は死を決意した。隊士らは自ら、また互いに刺し違え死を選んだ。

この時咽喉を突いた飯沼貞吉は奇跡的に一命を取り留め助けられた。また離れ離れになった残りの隊士たちはそれぞれ城下を迂回しながら入城を果たした。

白虎隊自刃図

自刃者、また戦死者三名を加えた隊士一九名の遺骸は、戦後牛ヶ墓村の肝煎《きもいり》吉《よし》田《だ》伊惣治《いそじ》により近くの妙国寺《みょうこくじ》に仮埋葬された。会津藩士の遺骸は手をつけることが禁じられており、伊惣治は新政府軍に拘留されたが、哀憫の情から出たことで許された。

新政府軍の城下侵入

八月二十三日朝、一気に滝沢峠を駆け下りた新政府軍は城下を目前にしていた。峠の麓には前日白虎隊を送り出した滝沢本陣があり、容保と実弟の桑名藩主定敬が宿泊していた。容保らが路上に出た時には、敗兵が峠を駆け下り、小銃の音が聞こえるほど敵が迫ってきていた。急ぎ城へ戻ることになったが、蚕養口《こがい》で容保は定敬に米沢藩の援軍を頼むよう依頼しここで別れた。容保は甲賀町口郭門《こうかまちぐちかくもん》に留まり、士気を鼓舞していたが東隣の六日町口郭門も切迫したためついに入城を決意した。五之丁角では列を正しラッパを鳴らしながら郭門守備に向かう士中白虎一番隊と遭遇、隊士らは甲賀町口郭門東の三宅邸に陣取った。

しかし会津軍の必死の防戦にもかかわらず、激戦の末ついに郭門が破られ郭内《かくない》に侵入を許した。この責任をとった家老田中土佐、神保内蔵助《じんぼくらのすけ》は五之丁の藩医土屋一庵邸で自刃した。新政府軍は城を目指し突進し、追手門前まで押し寄せた。

滝沢本陣

しかし前には北出丸の堀があり、城への入り口がわからない。そのうち城内からの発砲を受け、正面からの攻撃をひとまずあきらめ東から南へと迂回した。薩摩藩二番砲隊長大山弥助《おおやまやすけ》（のちの巌、山川捨松《すてまつ》★の夫）も足を撃たれるなど死傷者が続出した。それでも会津軍は巨大な城を守るにはあまりにも兵が少なかった。とくに城南は手薄で午後二時頃、天神橋口に現れた敵兵は手薄な南門を見つけ銃を乱射しながら城に迫った。三の丸南門はこの時、老人兵がわずか十数名しか守っていなかった。容保は窮余の一策として決死隊の兵を募り、小室金吾左衛門《こむろきんござえもん》が指揮して八十数名が南門に向かった。死は覚悟の上であり、命を捨てた猛攻でついに敵を退却させた。これにより二九名の犠牲はあったが、最大の弱点であった南門は死守され、わずか半日での落城は免れた。

また城の西隣にある日新館は病院となっていたが、敵の陣地となることを恐れ、火箭《かせん》を射てこれを焼亡させた。病人は歩ける者は城に入ったが、歩けない者はここで自刃したという。

城への攻撃に際して攻める側は、守る側の三倍の兵力を要するという。新政府軍は土佐、大垣、長州、大村、佐土原、薩摩に続き、二十五日には尾張、紀伊、肥前、備前と続々増強された。一方会津軍も各地から急遽戻った兵士らが次々と入城し、ようやく南の守りも万全となった。しかし新政府軍は城を完全に包囲できる態勢になっても、一番攻撃し易い南からは攻撃を仕掛けなかった。南は会津

▼山川捨松（一八六〇〜一九一九）一八〇ページ参照。

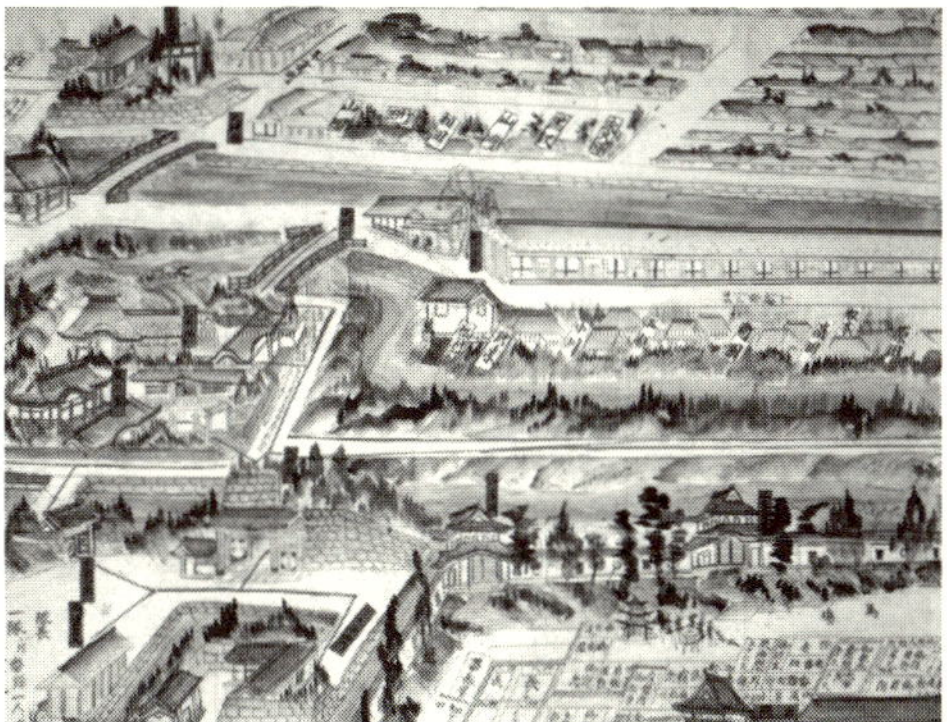

三の丸南門付近

側の退路として、わざと空けておいたのである。これは城攻撃の戦法の一つで、戦意喪失した城内の兵をここから誘い出し、脱落脱走させるというものであった。このおかげで会津軍は比較的自由に城に出入りできたという。こうして一カ月に渡る籠城《ろうじょう》戦がここに始まったのである。

婦女子の悲劇

新政府軍の侵攻はあまりに速かった。男たちは戦場にあり城下の武家屋敷には老人、婦女子がほとんどであった。敵が来襲した場合は鐘を合図に三の丸に集合する手筈になっていたが、これも間に合わないほどの速攻であった。この時多くは朝食の頃で着の身着のまま城に向かった。しかも三の丸の城門は早くのうちに閉ざされてしまい、入城できない者も多数にのぼった。雨の中入城できなかった者たちは西に向かい逃れたが、大川の船渡しでは大混乱となり溺死する者も多かった。

城下では足手まといになることを恐れ、覚悟を決め入城せず自ら命を絶つ者も多く、二十三日だけで一四〇名を数えた。家老西郷頼母《さいごうたのも》一家★では二歳から七十七歳までの男女一族二一人が自決を遂げた。柴四朗（十六歳）、五郎★（八歳）らの祖母、母、妹ら五人も白衣に着替え自邸に火を放ち散華した。郭内の武家屋敷は

▼西郷頼母一家
頼母の妻千重子（三十四歳）の辞世
「なよ竹の　風にまかする　身ながらも
たわまぬ節の　ありとこそきけ」の碑が菩提寺善龍寺に「奈与竹の碑」として建立されている。碑の裏面には殉難二三三名の婦女子の姓名、続柄が刻まれる。

▼柴四朗・五郎
四朗は維新後、アメリカの大学に留学、帰国後に東海散士のペンネームで『佳人之奇遇』を発表。大ベストセラーとなる。衆議院議員。
五郎は会津出身者初の陸軍大将となる。

敵に利用されないよう、そのほとんどが自ら、また会津軍の手によって燃やされた。自刃した白虎隊士が飯盛山で見た光景もこの炎と煙であった。

自ら命を絶った女性たちの一方で、悲憤に駆られた女性たちが自発的に戦うことを申し合わせていた。二十余名のメンバーであったが、混乱の最中城外でめぐり逢えた中野孝子《こうこ》、竹子、優子の母娘、依田まき子ら六名は★、容保の義姉照《てる》姫《ひめ》護衛のため会津坂下《ばんげ》に向かった。が、照姫の坂下行きは誤報とわかり、郊外高久《たかく》に駐留していた家老萱野権兵衛《かやのごんべえ》に従軍を願い出た。権兵衛は女、子どもを戦場に出したとあっては、会津藩の名がすたると、なかなか許さなかったが、城下進撃の際ようやく同行することを許可された。二十五日早朝、一行は城下北西の柳橋まで進み、激しい戦闘となった。竹子も薙刀を振るい奮戦したが、敵弾を受けて戦死した。

戦う中野竹子ら

▼娘子隊
中野竹子らの隊を娘子隊というが、もちろん正式な隊ではなく、後世に名づけられたものである。

これも会津

悲壮な籠城戦

砲弾の飛び交う籠城中の鶴ヶ城内からたくさんの凧が揚がった。この時、凧揚げを行った子の一人、山川捨松★（当時八歳）がのちに記した手記によると「私たちにはまだ十分に余裕があると敵に思わせるため、一体何をしたと思いますか。女の子たちは祝日などによく遊ぶ凧を揚げるよう言われたのです。男の子も一緒に加わり、食糧もすっかり底をつき、飢えのためやむなく降伏するまで揚げ続けたのです」それはつらく悲しい凧揚げであった。しかもこの時、未来の夫となる大山巌が会津攻めに加わっていようとは、互いに思いもよらぬことであった。

　またこの籠城の悲惨さを、戦後何人かの女性が記録に残している。それによると、籠城にあたり皆の足手まといになることを恐れ、鬼となって我が子を殺してきた女性。籠城中、砲弾が頭に当たり、髪交じりの脳ミソが辺り一帯に飛び散った女性。病人の看護の最中、膿だらけの手で、握り飯をほおばる女性。もはや落城と思い七歳の我が子と自刃した女性。入城の際の混乱で子どもと離れ離れになってしまった女性。一方で砲弾や鉄砲玉をかいくぐり、病人の手当てや炊事、弾丸作りなどにいそしむ女性など、実体験を生々しく語り、記している。この戦いで自刃した女性たちは二三三名にもおよび、彼女らもまた男たちと同じく皆死は覚悟の上のことであった。

▼**山川捨松**（一八六〇～一九一九）
山川大蔵（浩）、健次郎の妹。本名は咲子。明治四年十一歳のとき津田梅子らと初の女子留学生としてアメリカに渡る。帰国後は鹿鳴館の華と称され、大山巌の後妻となる。英語に堪能で日米親善の先駆者でもある。

籠城中の凧揚げ

城内の混乱

籠城戦において必要となるのは食糧である。新政府軍が藩境付近に迫った際、軍事奉行飯田兵左衛門は籠城戦に備え米を城内に運び入れることを進言したが、籠城など縁起でもない、と却下されたうえ、降格されるということもあった。開城時の調べで籠城人数は兵士約三千二百名、婦女子六三九名、老幼二八四名、傷病者五三〇名、他邦脱走四六五名など計五二三八名と相当な人数であった。そのため白米は傷病者に優先して与えられ、ほかは玄米の小さな握り飯で、さわると崩れてしまうようなものだった。塩は天守閣石垣内に十分あり、またそこから塩漬けの田螺《たにし》も発見された。また道明寺粉も見つかったが、あまりにかび臭かったが食べざるを得なかった。

本丸大書院は病室となったが、大砲の弾が始終撃ち込まれる中、女性たちは懸命に看護にあたった。八月二十六日城東の小田山が占拠され、砲弾が雨霰《あめあられ》と城内を目指し飛んできた。小田山から城まではわずか一・五キロメートル、優に射程距離に入った。さらに新政府軍の総攻撃が九月十四日から始まり、この日着弾の数は二千五百発、十五日は朝から三時頃までに二千七百発も撃ち込まれた。このの多くは焼玉で着弾しても爆発までに若干の時間があった。このため濡れ布団や

何発もの砲弾を撃ち込まれた天守閣
戊辰戦争下の会津

衣類をかぶせ爆発を阻止したが、失敗して吹き飛ばされ即死する婦人もいた。また江戸屋敷お抱えの火消し鳶《とび》も焼玉消しに活躍した。

敵の砲弾は天守閣を目標としたが、もう一つ城内の西北、帯郭《おびくるわ》にある鐘撞堂《かねつきどう》も標的にされた。これは敵弾にさらされる中でも、常に正確に時を刻んだからである。撞き手は死傷者が何人出てもひるまず、鐘の音が止むことはなかった。城外で戦う会津軍の兵も、この鐘によってお城の無事を知ることができた。

さて籠城戦で一番困ったことはトイレであった。数千人もの人数であり、砲弾の飛び交う中、用を足すのは大変で城内いたる所糞尿だらけであったという。

白旗あがる

容保はついに苦渋の決断を迫られた。九月十五日越後口総督仁和寺宮が錦旗を奉じ、城下まで一五キロメートルの越後街道気多宮《けたのみや》まで進軍した。敵は薩長ではなく、官軍と認めざるを得なかった。土佐藩は米沢藩を介し降伏を勧めてきた。奥羽越列藩同盟の一員であった米沢藩はすでに新政府軍に加わっていた。会津藩では交渉の使者として手代木《てしろぎ》直右衛門《すぐうえもん》と秋月悌次郎をたて、米沢藩の陣営に送り降伏の取り次ぎを依頼した。

新政府軍との協議がなり、ついに九月二十二日、籠城一カ月にして降伏と決ま

小田山からの砲撃

った。午前十時頃北追手門に降伏と記された白旗があがった。その布さえ満足なものはなく、ようやく見つけた白布を縫い合わせたものであったという。

降伏式は正午頃から城の正面、甲賀町通りで行われた。路上には緋毛氈《ひもうせん》が敷かれ、麻裃、無刀の容保は新政府軍の軍監中村半次郎（後の桐野利秋）に降伏謝罪書を提出した。式後城に戻った容保父子は、死者を葬った空井戸に香華を手向け、謹慎幽閉先である滝沢の妙国寺に送られた。降伏式で用いられた緋毛氈は小さく分けられ、この無念を永遠に忘れまいと、「泣血氈《きゅうけつせん》」と名づけ藩士らが持つことになった。

この時城中では降伏に納得できない秋山左衛門ら三名が自刃した。戊辰戦争で亡くなった藩士は約三千名、自刃した婦女子は二三三名にのぼった。また若松城下に攻め入った藩は土佐を先頭に大垣、長州、大村、佐土原、薩摩、尾張、紀伊、肥前、備前、越前、加賀、小倉など三四藩三～四万人といわれる。

降伏式錦絵

これも会津

お国自慢

これぞ会津の酒②

会津田島

開当男山酒造店
TEL0241-62-0023

会津酒造（株）
TEL0241-62-0012

国権酒造（株）
TEL0241-62-0036

会津喜多方

（合）喜多の華酒造
TEL0241-22-0268

夢心酒造（株）
TEL0241-22-1266

花泉酒造（合名）
TEL0241-73-2029

（有）峰の雪酒造場
TEL0241-22-0431

（合）吉の川酒造店
TEL0241-22-0059

（合）清川商店
TEL0241-22-0233

（合）大和川酒造店
TEL0241-22-2233

小原酒造（株）
TEL0241-22-0074

笹正宗酒造（株）
TEL0241-24-2211

ほまれ酒造（株）
TEL0241-22-5151

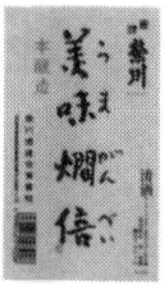

栄川酒造（合）
TEL0241-45-2013

会津両沼

（合）男山酒造店
TEL0242-54-2726

（合）白井酒造店
TEL0242-54-3022

（合）会津錦
TEL0241-44-2144

（合）廣木酒造本店
TEL0242-83-2104

豊国酒造（合）
TEL0242-83-2521

曙酒造（合）
TEL0242-83-2065

（合）会津旭鶴酒造店
TEL0242-54-2738

第八章 戦後処理と斗南藩立藩

敗れた藩士たちに、更なる苦しみが待っていた。

①戊辰戦争後の藩士たち

戊辰戦争に敗れ焦土となった会津。
藩主はもちろんのこと、藩士たちにも厳しい現実が待ち受けていた。
藩士らは東京、越後高田への幽閉、そして首謀者の斬首と続く。

敗戦後の会津

長く辛い戦争は会津藩の完敗に終わり、藩主や藩士は各地に謹慎幽閉された。十月一日民政局が設置され、同月下旬には土佐、薩摩、長州などの藩は引き揚げを開始、加賀、松代、越前、高田の各藩が翌明治二年（一八六九）五月三日まで駐留、翌四日若松県が成立した。二年秋、生まれて間もない容保の実子容大《かたはる》に斗南《となみ》藩立藩が許され、藩士たちは久しぶりに沸きかえった。しかしわずか三万石、実質七千石といわれる本州最果ての大地は、藩士らにとってあまりに過酷であった。しかも明治四年には廃藩置県が実施され、藩は瓦解し藩士らは各地に離れ離れになっていくのであった。

藩主、藩士の幽閉

明治元年（一八六八）九月二十二日夕方、容保《かたもり》と喜徳《のぶのり》は薩摩、土佐の兵により駕籠に乗せられ滝沢の妙国寺に護送、監禁された。寺では土佐と越前の兵が大砲の砲筒を居室に向け警戒にあたった。籠城者たちは城内で最後の夜を明かした。この夜、男装し銃を持って戦った山本八重子はお城の白壁に

あすよりは　いづこの誰か眺むらん　なれしお城に　残す月影

と刻んだ。翌二十三日藩士らは謹慎地である猪苗代に護送された。六十歳以上、十四歳以下の男子と婦女子は許されたものの、住む家もなく北方の喜多方や塩川の村に分宿することになった。傷病者は城南の青木村、御山《おやま》村などに送られた。

その一方、まだ開城を知らない佐川官兵衛らの隊は南会津方面で戦闘を続行していた。降伏の知らせが届いたのは二十五日であった。城外で終戦を迎えた藩士は塩川に送られ謹慎となった。

十月十九日容保と喜徳、重臣らは東京に移されることに決まった。この時の光景を新政府軍の医師として従軍し、治療に当たったイギリス人ウィリアム・ウィ

白壁に和歌を刻む山本八重子。『佳人之奇遇』の挿絵。

リスが偶然目撃していた。それによると「容保らの出発を見送ったのはわずか十数名もいなかった。すぐそばの畑で働いている農夫でさえ、往年の誉れ高い会津侯が国を出て行くところを、振り返って見ようともしなかった。また一般的な世評として会津侯らが起こさずもがなの残忍な戦争を引き起こした上、敗北の際に切腹しなかったため、尊敬を受けるべき資格はすべて喪失した」と、冷静な目で記している。

また旧幕軍側の医師として、長岡藩家老河井継之助を治療したことでも知られる松本良順も会津を評している。それによると「将校は互いに功を争い嫉妬甚だしく、ために勢力の一致を欠き完全なる計策が行なわれない。老臣より軽卒に至るまで皆伯仲の才あれど、思想偏狭にして各自その功を貪《むさぼ》り……、然れどもその勇猛にして死を恐れざるは一般皆斉《ひと》し、惜しむべし」。

降伏後の十月三日から会津ではヤーヤー一揆といわれる農民一揆が各地で起こった。これは今までの圧政に耐えかねた農民たちが、肝煎層を襲い、焼き打ち、打ちこわしを行ったものである。農民たちは借用証文や年貢徴収台帳である検地帳を強奪し焼き捨て、領主支配からの解放を勝ち取ろうとしたのである。

松本良順

首謀者の斬首

東京へ送られた容保は因幡《いなば》藩池田家★に、喜徳は久留米《くるめ》藩有馬家★にそれぞれ重臣と共に預けられた。十二月七日家臣のうち首謀者は死罪、容保は死罪を免じ永預《ながあず》けとする命が出された。また親戚筋にあたる飯野藩主保科正益《まさあり》は、首謀者を取り調べ申し出るよう命じられた。その結果、明治二年一月二十四日、首謀者として家老田中土佐、神保内蔵助、萱野権兵衛の三名の名が届けられた。うち田中、神保はすでに自刃しており、権兵衛ただ一人が責任を取ることになった。

この結果は納得できるものではあった。そもそも武士の究極の使命は殿様を守ることにある。したがっていくら最高責任者とはいえ藩主を死に追いやることは、忠臣の行うことではない。まして藩主の身代わりなど、侍にとって実に名誉なことであり、武士の本懐ともいえる。

また新政府としても藩主を死罪にしてしまうと残った家臣らの恨みをかい、降伏したとはいえ再び内乱状況に陥ることも考えられるからである。武士の道のあり方を子どもの頃から、二百年にも渡り教え込まれてきた会津藩士にとって、主君の仇討ちは当然考えられることであった。

五月十四日軍務監より命があり、ついに権兵衛の斬首が決まった。権兵衛は喜

▼**因幡鳥取藩池田慶徳邸**
慶徳は水戸徳川斉昭の第五子。池田家の養子となる。容保はその後明治二年十二月七日和歌山藩邸に移された。

▼**筑後久留米藩有馬慶頼邸**
喜徳の幽閉先。

徳と共に久留米藩邸に幽閉されていたが、知らせを聞いてもすでに覚悟を決めており泰然自若、ただ容保父子にその厚遇を謝するのみであった。処刑の日五月十八日朝、権兵衛は広尾の飯野藩邸に送られ、容保とその義姉照姫の親書に接した。容保は「我ら父子始め一藩に代わり呉候段に立至り痛哭に堪えず、……其方忠実の段、厚く心得候……」、照姫は「夢うつつ　思ひも分す惜むそよ　まことある名は　世に残るとも」と別れを告げた。介錯は飯野藩士沢田武司が務め、自刃の形で武士としての体面が守られた。享年四十二であった。★

飯野藩保科家

保科正直━┳━正光━━正之（会津）━━正経━━正容（松平）
　　　　　┗━正貞（飯野藩）……正丕━━正益

▼**萱野権兵衛の墓**
権兵衛の墓は興禅寺（港区芝白金）にあり、毎年五月十八日の命日には今も追善供養が行われている。他にも会津若松市の天寧寺に墓、阿弥陀寺に遥拝碑、若松城本丸に殉節碑が建つ。

これも会津

貧乏クジを引いた松平喜徳

　十代藩主を継いだ喜徳《のぶのり》もまた容敬《かたたか》、容保に続いての養子であった。喜徳は水戸徳川斉昭の十九番目の子として生まれ、幼名を余九麿《よくまろ》と名づけられた。斉昭には二二人の男子が生まれ、名前を考えるのも面倒だったのか、次男は次郎麿、十一男は余一麿、二十一男は廿一麿と名づけた。幕末、跡継ぎのいなかった容保は、十四代将軍徳川家茂《いえもち》の斡旋で、余九麿の兄余八麿（昭武）を養子に迎える手筈が整った。ところが家茂が病死すると、一橋慶喜は昭武を清水家（御三卿の一）の当主とし、自分の名代としてフランス万博に派遣するため、その弟余九麿を推薦してきたのである。慶喜（七郎麿）もまた斉昭の子である。慶応二年（一八六六）余九麿十二歳の時であった。

　同四年二月容保は恭順のため表面上隠退し、喜徳を十代藩主に据えた。その後は、会津藩の戦争責任を問われ謹慎幽閉。容保に実子容《かた》大《はる》が生まれ十一代目を継ぐことになり、謹慎もあけた明治六年、離縁して実家水戸に帰って行く不運な人であった。同年喜徳の実弟で旧松川藩を継いでいた松平頼之（廿二麿）が十六歳で病死、その跡を継ぐことができた。明治九年にはフランスに留学したが健康を害し帰国、同二十四年三十七歳の若さで亡くなった。

松平喜徳

　さて、この喜徳の読み方であるが、以前はヨシノリと読まれていた。しかし近年ようやくノブノリという読み方が定着してきた。この読み方を調べるには、喜徳の生いたちから探る必要がある。

　兄である慶喜は慶応二年余九麿を会津松平家への養子に命じ、翌三年自分の名の一文字を与え喜徳と改めさせた。したがって、喜徳はノブノリと読むのが正しいことになる。しかし話はまだ先がある。ノブノリ説の元になる慶喜の読み方であるが、確かにはじめはヨシノブと読んだ。が、将軍就任後の慶応三年二月にヨシヒサと読む旨公示されたのである。すると喜徳の読み方はヒサノリが正しいことになる。事実会津の書物にも一冊だけヒサノリとルビをふったものもある。ただし外国側の文書にはKeikiと記されており、一般的にはケイキと音読みされていたというからややこしい。

侍たちの幽閉

戦後、猪苗代謹慎組三千二百余名は信州松代藩に、塩川謹慎組一千七百四十余名は越後高田藩に幽閉が決まった。松代行きは明治二年一月七日から小倉藩や加賀藩の護衛により順次出発となった。途中、宇都宮に到着すると行き先が突然変更された。松代藩ではこのような大人数はとても引き受けられないというのであった。そこで急遽行き先は東京に変更されることになった。東京では飯田町の元火消し屋敷、神田小川町講武所、神田橋門外騎兵屋敷、護国寺、増上寺ほかに分散された。また傷病者は遅れて五月から六月にかけて収容先の増上寺に到着した。塩川謹慎組も年明けから順次、越後街道を高田に向かい寺院が幽閉先となった。

戦死者埋葬

戦後、会津藩士の遺骸は賊軍ということで、手をつけることを禁じられていた。遺骸は月日の経過と共に風雨にさらされ腐乱し、野犬や烏などが食い漁りその惨状は見るに堪えない状態であった。城内での戦死者、自刃者は空井戸や二の丸の梨園に葬ったが、各地の戦場で亡くなった藩士の遺骸は仮埋葬されたままであった。残務整理のため残された会津藩士らは融通寺《ゆづうじ》駐在の新政府軍参謀に掛け合い、ようやく合葬が許されたのは二月十四日になってであった。

しかしその場所に指定されたのは罪人や牛馬を埋葬する小田山の西、五社壇であった。これではあまりに不憫《ふびん》であり別な場所をと願い出たところ、藩の処刑場の場所を聞かれた。それは城下西の外れ柳橋、通称涙橋と答えるとその近くに、ということで阿弥陀寺★と長命寺★に決まった。阿弥陀寺では境内に八間四方の大穴を掘り、菰に包んだり長持や古箱に入れ、また板戸に乗せた遺骸が次々と運び込まれ、積み重ねて埋められた。この作業を監督するため五百石取りの藩士であった伴百悦は身分を落とし埋葬を見守った。集められた遺骸は二千余柱にも達したという。その墓標も最初「殉難《じゅんなん》之墓《のはか》」と記したが、撤去を命じられ「弔死標」としか許されなかった。

北海道流刑

その前、幕府は安政六年（一八五九）から東蝦夷、紋別から知床、野付半島までを会津藩領として与え、対ロシアに備え警備と開拓が行われていた。京都守護職時代、公用人として活躍し会薩同盟の立て役者であった秋月悌次郎が、藩士の中傷により左遷され蝦夷の代官としてここに赴任したこともあった。奥羽の主要藩

▼阿弥陀寺
会津若松市七日町。浄土宗。境内には鶴ヶ城から移した唯一の建物、御三階や新選組斎藤一の墓がある。

▼長命寺
会津若松市日新町。真宗大谷派。戊辰戦争の際はここで激しい戦闘が行われた。土塀には今も弾痕が残る。

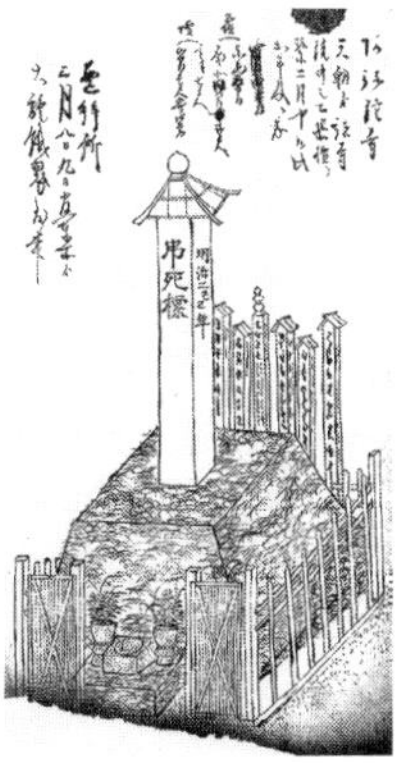

も領地を得ていたが間もなく戊辰戦争が始まり、その後北海道の警備、開拓は空白となっていた。

　このため明治二年（一八六九）九月兵部省《ひょうぶしょう》は幽閉中の会津藩士、主に東京謹慎組から二〇〇戸を募り、家族共々七百名余りを送り出すことになった。当初一万二千名もの移住を計画したが、これはさすがに財政難で没となった。この計画は政府にとっては厄介者払いと開拓警備を兼ねる一石二鳥の案であった。当時北海道は長州系の兵部省と佐賀藩系の開拓使が、開発を担っていたが両者は犬猿の仲であった。会津藩士らは小樽に着いたものの、両者の思惑で行く先が決まらなかった。しかもこの間に会津藩は斗南《となみ》藩として再興が決定、さらに北海道開拓は開拓使に一本化されることになってしまった。斗南藩に戻ろうにも二十八万石から三万石では、今さらとても引き取りを求めることも困難である。途方に暮れた藩士は遠く樺太移住の話も出たが、藩士全員による血判書を開拓使次官黒田清隆に提出した。この結果、小樽に到着して一年半後の明治四年（一八七一）春、ようやく余市への入植が決定したのであった。

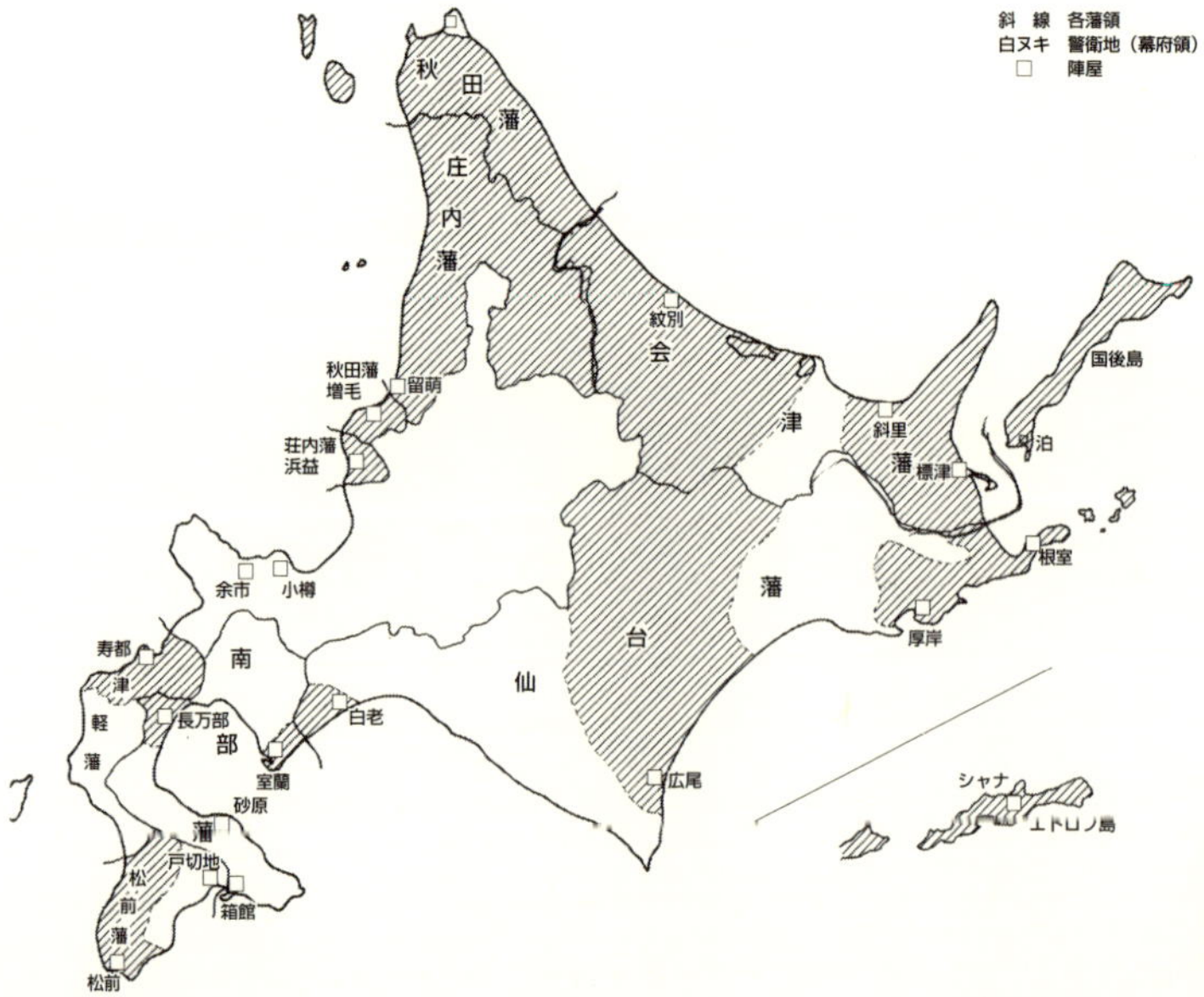

蝦夷領地図

これも会津

滴血ノ法

第三章「広くて狭い武家屋敷」で紹介した日向家の当主、左衛門もまた城下の戦いで戦死した。雪解け後、娘のユキらはわずかな情報を頼りに左衛門の遺骸を探し歩いた。そのユキの手記『萬年青《おもと》』によると

「私が加須谷家の家に行って裏の竹藪の中に入ってみますと、日向の紋のついた羽二重の着物がクチャクチャになって見つかりました。驚いて棒切れで寄せてみましたら、上顎の骨が出てきたのでございます。よく見ますと、前の上歯の重なった特徴もありますし、野袴の浅黄《あさぎ》縮緬《ちりめん》の紐が結んだままになっており、確かに見覚えがございました。（略）それに身内の者の血を骨につけると、よく滲むという言伝えがありましたので、念のため娘の私が指先を切って血をつけてみましたら、よく滲みこむではございませんか。父の遺骨に相違ないということになりました」

これは「滴血ノ法」といい、当時信じられていた肉親確認の方法であった。それでも父親の遺骨にめぐりあえたのは奇跡的なことではあった。

米代三之丁日向邸

日向左衛門の遺骸が見つかった加須屋邸

②　斗南への移住

新天地をどこにするか、揉めに揉めた。
新しい時代の幕開けにふさわしい地は、肥沃な地ではなく、港のある土地だった。
しかし本州最北の地での開墾作業は、想像を絶する厳しいものであった。

跡取り、容大の誕生

松平容保の正室敏姫が文久元年（一八六一）十九歳で亡くなったあと、容保は二人の側室を抱えた。奈賀と佐久の二人で、戊辰戦争後二人とも懐妊していることがわかり、紀伊家へのお預けは取り止めとなり、容保の義姉照姫★だけが送られた。二人は藩の別荘御薬園《おやくえん》に移され、奈賀は明治二年（一八六九）三月に美祢姫を、佐久は六月三日待望の男子慶三郎、のちの容大《かたはる》を産んだ。

この頃若松では駐留官兵の乱暴狼藉が目立ち、これを知った幽閉中の藩士が脱走して官兵を襲撃するという事件が起きていた。事態を憂慮した巡察使四条隆《しじょうたか》平《ひら》は松平慶三郎に対し、藩士の脱走や暴挙が起こらないよう取り締まりを命じた。間もなく脱走もなくなり、この功もあって九月二十八日太政官より容保らの罪が許され、血脈の者をもって家名再興が認められることになった。十一月四日慶三

松平容大

▼照姫
飯野藩主保科正丕の娘、会津藩八代藩主松平容敬の養女、容保の義姉。戊辰戦争で籠城中、先頭に立って婦女子を指揮した。

郎改め容大は家名相続を命じられ、華族に列し陸奥国において三万石の地を賜ることになった。また翌三年（一八七〇）一月には重臣らを除く家臣、四千六百七十余人が謹慎ご免、容大に引き渡され、北海道の太櫓《ふとろ》、瀬棚、歌棄《うたすつ》、山越の四郡の支配も命じられた。

斗南藩誕生

この陸奥三万石の地についてはその場所で大きな問題になった。その候補として猪苗代と旧南部藩領のうちの二カ所があげられた。これを巡って藩士らは激論を戦わせた。歴戦の士町野主水らは祖先以来の地であり勝手知ったる猪苗代を、永岡久茂らは政府の考えは禍根を断つために藩を移すものであり、旧領に残ったのでは政府に疑心を抱かせると旧南部藩領下北方面を主張した。両者は刀を抜く寸前までの激論となったが、結局旧南部藩領に決定した。意見を戦わせたものの藩首脳の心は、下北に決まっていたのであった。

三万石の地は旧南部藩領のうち三戸、五戸地域と下北の二カ所に分散された。政府は最初謹慎者を猪苗代と塩川の二カ所に、その後も東京と高田に、そしてまたも藩士を分断させる処置をとった。こ

戊辰戦争後の松平容保

斗南藩領図

れは未だ会津藩士の団結力を恐れたからに他ならなかった。明治三年四月藩名を斗南《となみ》藩と届け出た。これは「北斗以南皆帝州」、朝敵という謂れなき汚名を着せられても、北斗星から南は同じ帝の地である、という意味からであった。

新天地への展望

ではなぜ会津から遥かに遠い斗南の地を選んだのであろうか。藩士らの何人かにとって斗南はまったく未知の地ではなかった。斗南藩トップの権大参事山川浩★や少参事広沢安任《やすとう》★らは過去この地を通過したことがあり、ある程度の知識があったのは事実である。が、それ以上にこの地に魅力を感じたのは海があったからであろう。山国会津の侍は京都守護職や戊辰戦争を通して、武器や文明に大きな差を感じた。勝利した西国の諸藩には海があり港がある。そこからは密輸とはいえ最新の文物が到来する。米だけに頼る今までの藩は過去のものとなった。藩を強く豊かにするには港が必要と考えたのである。しかも山川は慶応二年(一八六六)ロシアとの樺太境界談判でヨーロッパを回った経験があり、その高度な文明を肌で感じていた。山川は当時安渡《あんど》村といった陸奥湾の村を、奥羽の長崎を目指し大湊とも変えている。また難所の津軽海峡を避け、太平洋から沼をつたい下北半島を横断し直接陸奥湾に抜ける大運河の構想までも持っていたのである。

▼山川浩(一八四五〜一八九一)
会津藩家老から斗南藩権大参事、廃藩後は陸軍に入り陸軍少将まで昇進。その後東京高等師範学校長。弟妹に健次郎、捨松らがいる。

▼広沢安任(一八三〇〜一八九一)
会津藩士、廃藩後も斗南に留まり、洋式牧場を開き、日本の畜産界に大きな貢献を果たした。中央官庁から再三任官の要請があったが「野にあって国家につくす」という信念を貫いた。

移住開始

新天地斗南は三万石、対して会津は二十八万石、大きな差があった。しかも斗南は平地も少なく、実質七千石といわれている。とても全員を連れて行くことは無理であった。明治三年(一八七〇)五月十五日、一番船が品川を出港、十八日青森野辺地に到着した。以降、藩士とその家族は東京、新潟からの航路★のほか、冬季陸路を続々と斗南を目指した。新潟からは高田幽閉組と会津からの家族七五七一人が五月から十月にかけて、東京組は四〇八九人、陸行組は五六四〇人の計一万七千余人、四三三二戸の大移動であった。慣れない船旅や着の身着のままの苦しい旅路で、道中で亡くなった者も多かった。

会津に残された約六千四百名は帰農商工、うち二一〇戸は侍身分のまま斗南藩士の資格をもって会津居残り、三年間は自活生計を試み、年限内に生計が立たない場合は斗南藩に帰参とされた。また五六五戸は当分会津に居残り、自活生計をなすとされ、七二五戸は他府県へ出稼ぎ生計とされた。

▼新潟からの航路
藩士とその家族は新潟の各寺院に分宿、船を待った。小舟で沖合いの米国蒸気船ヤンシー号(一二〇〇トン)などに乗り込み、二日がかりで野辺地港ほかに到着した。船は超満員。船酔いに苦しみながらの航海であった。

廃藩置県、そして終焉

当初、藩庁は五戸に設けられ、旧南部藩の五戸代官所があてられた。明治三年（一八七〇）九月、わずか一歳三カ月の新藩主松平容大は、藩士に抱きかかえられ到着した。翌四年、藩庁を田名部《たなぶ》に移し授産の道を講じることになった。田名部では円通寺を藩庁とし、容大は下北の移住者の激励に各村を回った。七月二十日罪を許された容保と喜徳は東京から船で函館へ、さらに下北半島佐井を経て、田名部在住の我が子容大と初めての対面を果たした。

一方、藩士らは希望をもって新天地に着いたものの、住む家や食糧、衣服、薪炭などすべてなく、筆舌に尽くしがたい生活を余儀なくされた。さらに飢えと寒さが襲い、死者が続出した。荒蕪地《こうぶち》の原野を開拓し、農業生産を目指し刀を鍬に替え努力したが、厳しい気候とやせた大地はそれを許さなかった。

明治四年七月十四日政府は廃藩置県を実施、斗南藩は斗南県となった。しかも旧藩主は東京に住むことを命じられ、八月二十五日容保一家は苦労を共にした家臣らに別れを告げ去っていった。徳川幕府の成立以来約二百七十年、侍が命を賭け、尽くしてきた藩主という存在がなくなったのである。戦争で多くの犠牲者を出し、また再び斗南の地で苦しみに耐えながらも頑張ってきたのは、藩主という

晩年の松平容保

存在があったからこそである。

　その象徴が消え去るのであるから、藩士やその家族は茫然自失、悲嘆に暮れた。斗南での生活に見切りをつけた旧藩士たちは、懐かしい故郷会津や新天地を求め東京、北海道など各地に散って行った。それでも斗南に残った旧藩士は教育や行政面で功績を残し、現在もなおその子孫が活躍している。

エピローグ

明治時代の会津

戊辰戦争で焦土となった若松の町は、人口の半数以上を占めていた武士階級がいなくなってしまった。時代によって変化はあるが城下には侍層が約二万三千人、商工、日雇いの労働者などが約一万七千人住んでいた。指導者層である武士階級が抜けた痛手は大きかった。それでも明治二年（一八六九）五月には若松県が成立、さらに同九年（一八七六）福島県に編入、商人や職人らは町や産業の復興に徐々に立ち上がったのであった。

その後、明治二十二年（一八八九）の市町村制制定の際には、全国で三八の市が誕生、東北でも六市が誕生したが唯一福島県だけに市ができなかった。戊辰戦争に敗れ朝敵となったため、新政府に睨まれ差別されたという声もあった。この頃の若松の町の人口は約二万二千人、基準とされた人口に三千人ほど足りなかったし、税の負担増による町民の市制反対論や産業の生産力の低さなどもあって、当時の町長は市制施行を見送ったのであった。それ以後人口も次第に増え、十年後の明治三十二年福島県下最初の市「若松市」が誕生した。同時に岩越《がんえつ》鉄道郡山・若松間も開通、運輸交通の便も開けた。しかし戊辰戦争の傷跡がまだ完全に癒えたとは言えず、とくに新しい世に対応する人材の育成は急務であった。そのためいつでも、誰でもが自由に学ぶことのできる施設、図書館建設が計画された。東京帝国大学総長山川健次郎や衆議院議員柴四朗ら会津出身者の全面的な協力もあり、明治三十七年二月日本第一号の市立図書館として若松市立会津図書館が開館したのであった。

筆者の勤める会津若松市立会津図書館には全国各地から、今も切れ目なく先祖探しの依頼が寄せられる。先祖といってもほとんどが戊辰戦争当時の会津藩士であり、少しでもその事績を知りたいという。戊辰戦争からすでに一三七年、世代にするともう四、五代前にあたる。今さらという気がしないでもないが、やはりそこにはほんのわずかであっても、自分たちに会津人の血が混じっていることの確認、つまりはそのことに誇りを感じているのであろう。

それもやはり京都守護職から戊辰戦争、さらに斗南への時代を通して、一貫して節を曲げなかった会津藩士らの生き様に共鳴するからであろう。その逆境をばねとして、旧藩士たちは自らの力で新たな道を切り開いていった。その一方で藩という箍《たが》が外れたことで、その才能を自由に十分伸ばすことができたのも事実であった。教育界や下級官吏など進出できる分野は限られたが、それでも全国的に名をなした人物が、より多く輩出したのもこの明治時代であった。

あとがき

この執筆に入る直前、二〇〇四年十月二十三日新潟中越地震が発生した。幸い会津地方には大きな被害はなかったが、長岡、小千谷を中心とする被災地の皆様には心よりお見舞い申し上げる。会津にとって小千谷周辺は旧会津藩領であり、長岡は友軍でもあった。

この本を執筆するにあたっては、本シリーズの第一巻『長岡藩』の著者である長岡市立中央図書館館長(当時)稲川明雄氏の推薦があったという。同館も書棚がすべて倒れる被害にあったと聞く。この地震の前には西日本を中心に、台風による水害で家を失った人たちも多かった。いずれも復興まではかなりの年月や復興資金が必要となるであろうし、心理的ダメージも相当なものであろう。

しかし国は家の再建などの私有財産の形成には金を出さないという。家を失った人たちにとっては一刻も早い支援が必要とされる。阪神淡路大震災の時もそうであったが、こうした災害の際の危機管理に対しては未だかなり不備が痛感させられる。ともかく被災者にとって一番必要なのは復興資金であろう。

このような大災害が起こるといつも思うことがある。それは第二章で記した会津藩主保科正之の危機管理術である。とくに正之は十万もの人が亡くなった明暦の大火で、家を失った町の人々を安心させるため、即座に幕府の金庫から復興資金を支出させた。出し渋る幕府の役人に「幕府の金というのは、このような非常時にこそ下々に与え、安心させるためにある。ただ蓄えておくだけでは蓄えの無いのと同じである」。まさに至言である。振り返って国民の命と財産を守るのは国の最大の務めではなかろうか。このような予測できない自然災害は誰の責任でもない。そのためにも正之のように、真に国民を守ってくれる為政者を持ちたいものである。

会津の歴史をみても危機管理をはじめ、財政問題やリストラ、少子化、教育改革、人づくり、町づくりなどより良い方策を求め努力してきたことがわかる。歴史は繰り返すとはよく言うが、これらは今に通じる問題でもある。確かに歴史は物語性もあって面白いのは事実であるが、我々は歴史を過去のものとはせず、それに学び更にその教訓を生かす心構えも必要であろう。

今回の出版にあたり株式会社現代書館社長菊地泰博氏、原島康晴氏、装丁の中山銀士氏ほか多くの皆様にお世話になりました。心より御礼申し上げます。

参考文献

会津戊辰戦史編纂会編『会津戊辰戦史』（会津戊辰戦史編纂会、昭和八年）
若松市編『若松市史』全二巻（若松市、昭和十六、十七年）
会津若松市編『会津若松史』全十二巻（会津若松市、昭和四十年〜四十二年）
会津若松市編『会津若松市史』全二十五巻（会津若松市、平成十一年〜）
会津藩編『会津藩家世実紀』全十五巻（歴史春秋社、昭和五十年〜平成元年）

協力者

会津高田町教育委員会／会津武家屋敷
会津本郷町役場／会津若松市観光課
会津若松市史編さん室／会津若松市立会津図書館
上杉神社／大阪城天守閣／岡山大学付属図書館
小川右膳／玉林寺／清郷美術館／建福寺
国立国会図書館／国土地理院／小林等
斎藤秀次／仙台市博物館／宗英寺
高瀬かづ子／長岡市立中央図書館／初瀬川昂
土津神社／福島県立博物館／船橋西図書館
古川雅弘／町野浩／松平保定／松本和彦
三星宗明／明治大学刑事博物館／霊山歴史館
渡辺明

野口信一（のぐち・しんいち）
昭和二十四（一九四九）年福島県福島市生まれ。
会津若松市立会津図書館司書を経て、現在会津図書館館長、市史編纂兼務。
著書に『会津人物文献目録』『会津ちょっといい歴史』他。

シリーズ藩物語 **会津藩**

二〇〇五年六月十五日　第一版第一刷発行
二〇二三年七月十五日　第一版第五刷発行

著者――――野口信一
発行所―――株式会社 現代書館
東京都千代田区飯田橋三―二―五　郵便番号 102-0072
電話 03-3221-1321　FAX 03-3262-5906　振替 00120-3-83725
発行者――――菊地泰博
組版――――エディマン
装丁――――中山銀士＋杉山健慈
印刷――――平河工業社（本文）東光印刷所（カバー、表紙、見返し、帯）
製本――――越後堂製本
編集協力――原島康晴
校正協力――岩田純子

 ISBN4-7684-7102-1

江戸末期の各藩

松前、**八戸**、七戸、黒石、**弘前**、**盛岡**、**一関**、**秋田**、亀田、本荘、秋田新田、仙台、松山、**新庄**、**庄内**、天童、長瀞、**山形**、上山、**米沢**、米沢新田、相馬、福島、**二本松**、**三春**、**会津**、**守山**、棚倉、平、湯長谷、泉、**村上**、黒川、三日市、**新発田**、村松、三根山、与板、**長岡**、椎谷、**高田**、糸魚川、松岡、笠間、宍戸、**水戸**、下館、結城、**古河**、下妻、府中、土浦、麻生、谷田部、牛久、大田原、黒羽、烏山、喜連川、**宇都宮・高徳**、**壬生**、吹上、**足利**、佐野、関宿、高岡、佐倉、小見川、多古、一宮、**生実**、鶴牧、久留里、大多喜、請西、飯野、佐貫、勝山、館山、岩槻、忍、岡部、**川越**、沼田、前橋、**伊勢崎**、館林、高崎、吉井、小幡、安中、七日市、飯山、須坂、**松代**、**上田**、**小諸**、岩村田、田野口、**松本**、諏訪、**高遠**、飯田、金沢、荻野山中、**小田原**、**沼津**、小島、田中、掛川、**相良**、横須賀、浜松、富山、加賀、**大聖寺**、郡上、高富、苗木、岩村、加納、大垣、高須、今尾、犬山、挙母、**岡崎**、西大平、西尾、**三河吉田**、**田原**、大垣新田、尾張、**刈谷**、西端、長島、**桑名**、神戸、菰野、亀山、津、久居、鳥羽、宮川、彦根、大溝、山上、西大路、三上、膳所、水口、丸岡、勝山、大野、**福井**、鯖江、**敦賀**、小浜、**淀**、新宮、田辺、紀州、峯山、宮津、田辺、綾部、山家、園部、亀山、福知山、柳生、柳本、芝村、郡山、小泉、櫛羅、高取、高槻、麻田、丹南、狭山、岸和田、伯太、豊岡、出石、柏原、篠山、尼崎、三田、三草、明石、小野、姫路、林田、安志、龍野、山崎、三日月、赤穂、鳥取、若桜、鹿野、**津山**、勝山、新見、岡山、庭瀬、足守、**岡田**、岡山新田、浅尾、備中松山、**鴨方**、**福山**、**広島**、広島新田、高松、丸亀、多度津、西条、小松、今治、松山、**大洲・新谷**、**伊予吉田**、**宇和島**、徳島、**土佐**、土佐新田、**松江**、広瀬、母里、浜田、津和野、岩国、徳山、長州、長府、清末、小倉、小倉新田、**福岡**、**秋月**、**久留米**、柳河、**三池**、蓮池、唐津、**佐賀**、**小城**、鹿島、大村、島原、平戸、平戸新田、**中津**、杵築、日出、**府内**、臼杵、**佐伯**、森、**岡**、熊本、熊本新田、宇土、人吉、延岡、高鍋、佐土原、飫肥、薩摩、対馬、五島（各藩名は版籍奉還時を基準とし、藩主家名ではなく、地名で統一した）　**★太字は既刊**

江戸末期の各藩
（数字は万石。万石以下は四捨五入）